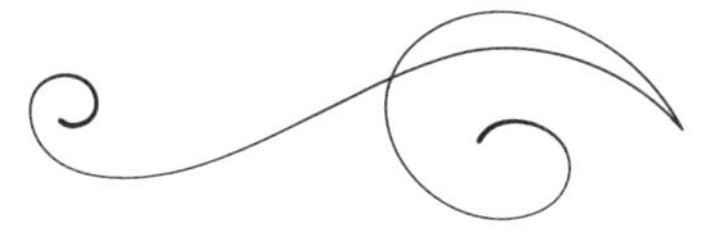

EL RUIDO DE LA AUSENCIA, LA CALMA DEL AMOR

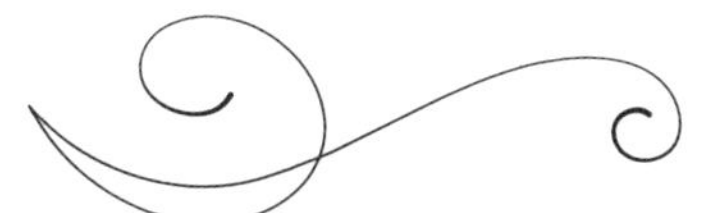

EL RUIDO DE LA AUSENCIA, LA CALMA DEL AMOR

Memorias de una aprendiz de viuda

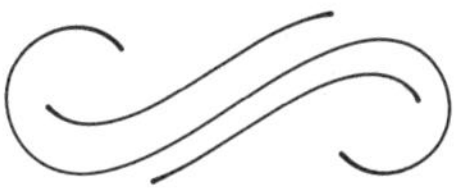

MARCELA SARMIENTO

Obra editada en colaboración con Editorial Planeta – Colombia

Créditos de portada: Ma. Alejandra Bueno - Planeta Arte & Diseño
Adaptación de portada: Genoveva Saavedra / aciditadiseño
Fotografía de portada: © Shifaaz Shamoon - *Unsplash*
Fotografía de la autora: © Lucrecia Díaz
Diseño de interiores: Departamento de Diseño Planeta

Bajo el sello editorial PLANETA M.R.
Avenida Presidente Masarik núm. 111,
Piso 2, Polanco V Sección, Miguel Hidalgo
C.P. 11560, Ciudad de México
www.planetadelibros.us

Primera edición impresa en esta presentación: octubre de 2025
ISBN: 978-607-39-3399-5

Impreso en los talleres de Bertelsmann Printing Group USA
25 Jack Enders Boulevard, Berryville, Virginia 22611, USA.
Impreso en EE.UU. - *Printed in the United States of America*

A Paulina y Florencia
por su amor que sana, enseña y fortalece

ÍNDICE

Prólogo

Conocí a mi querida Marcela hace dos años. Me conquistó con su alegría, energía y ganas de vivir. Días después descubrí la terrible huella que la muerte y el duelo le habían dejado. Cuando perdió a su hijo Miguel en el parto y pocos años después a su marido Alejo, su mundo se detuvo.

Desde que me enteré de su sufrimiento he procurado motivar a mi amiga para dar a conocer su experiencia, convencida de que su relato puede brindar consuelo a quienes se enfrentan a la pérdida de un ser querido, y más si esta es inesperada y traumática.

El duelo es un camino difícil pero inevitable, un proceso que, tarde o temprano, la mayoría de nosotros deberemos recorrer en la vida. Es una experiencia profundamente humana que nos confronta con nuestras emociones más sinceras. A lo largo de mi carrera como psiquiatra he acompañado a muchas personas con heridas profundas por haber perdido a sus seres más queridos. En mi opinión profesional saber ayudar a personas que atraviesan el duelo es uno de los actos más delicados que existen.

A través de estas páginas Marcela comparte con alegría y sinceridad sus vivencias, describiendo y exponiendo con valentía y entereza el dolor que muchos solo se atreven a afrontar en silencio. Este libro nos invita a mirar la pérdida sin miedo, a recordar sin culpa y a activar la esperanza para vivir de nuevo.

Recomiendo este libro no solo a los que han sufrido una pérdida, sino también a los acompañantes que no se rinden, a quienes buscan aprender a cuidar a otros para ayudarles a superar sus heridas. Estas páginas no nacen de la razón sino del alma y, por eso, en cuanto me sumergí en estas líneas, me encontré sonriendo, conmovida. Gracias a ellas entendí que hay historias capaces de recordarnos que, incluso en el abismo del dolor, la esperanza puede florecer y vencer, transformando y enalteciendo lo que se vivió. Este no es un libro sobre el duelo, es un libro sobre el amor.

Gracias, Marcela, por recordarnos con tu libro que el amor, cuando es verdadero, no muere.

Marian Rojas Estapé, psiquiatra
Madrid, mayo de 2025

1

Una marcha contra el reloj

La primera vez que vi a Alejandro fue en televisión. Yo tenía 19 años.

Vivía en Medellín, estudiaba en la Universidad Pontificia Bolivariana y tenía un novio que se llamaba Javier, estudiante de Ingeniería Industrial en la Universidad Javeriana de Bogotá.

Javier era modelo ocasional para algunas campañas de publicidad en televisión y revistas.

Recuerdo que me contó que lo habían escogido para ser modelo durante el lanzamiento de una nueva emisora que, por aquel entonces, haría su primera emisión en simultánea por radio y televisión.

"¡¡¡La Mega te pega al cielo!!!" era el eslogan que llevaba varias semanas generando expectativa a nivel nacional.

Javier también me había comentado que aparecería con una modelo y que le habían dado la instrucción de besarla apasionadamente en cámara, que no me pusiera celosa porque se trataba de una puesta en escena. Esa era la advertencia que me había dado y yo no tenía más remedio que aguantarme la idea de que mi novio aparecería en televisión nacional besando a otra.

Llegó el día y yo estaba sentada frente al televisor de mi casa, en Medellín, para ver el lanzamiento de la famosa emisora que prometía ser la que rompería con todo lo que se había escuchado en Colombia en radio juvenil. Hablaban del *crossover*, un término que, para aquel entonces, 1994, todos empezábamos a escuchar. Era la posibilidad de oír por primera vez en una misma emisora salsa, rock, merengue y pop en inglés o en español.

Empezó el *show* y, sin mentir, la primera escena era una pareja besándose apasionadamente en una calle de la zona rosa de Bogotá. En la pantalla estaba Javier con una chica que ya ni me acuerdo quién era.

Yo, en Medellín, entre la incredulidad y el *shock* de verlo en televisión con otra.

De la toma del beso, la imagen cambió a una escena en una cabina de radio. La torre sonora de RCN estaba de fiesta porque La Mega ya estaba al aire y prometía pegarnos al cielo con su música.

Escuché la voz de un DJ que abrió la emisión y saludó a los oyentes: era Alejandro Nieto Molina, director de La Mega y quien, junto a su equipo, contaba que, sin duda, era un día importante para la radio juvenil en Colombia.

Me quedé viendo la transmisión de lanzamiento de La Mega y a Alejandro conducir un *show* que quedó marcado en mi memoria. Por el beso y por la novedad de ver, por primera vez, radio en televisión.

Al año siguiente viajé a Bogotá porque había comprado boletas para el concierto de Bon Jovi en el estadio El Campín. Mi noviazgo con Javier había terminado, así que iría con mi amiga,

Clara, que era en aquel entonces reportera de entretenimiento de QAP Noticias.

Ella iba a cubrir el evento y yo a gozarme a una de mis bandas favoritas.

El 2 de noviembre de 1995 abrieron las puertas del estadio como a las 4:00 p. m., pero el concierto estuvo a punto de ser cancelado porque la noticia del asesinato de Álvaro Gómez Hurtado esa tarde estremeció al país. Hubo concierto de Bon Jovi, pero, desde entonces, Colombia cambió para siempre.

Terminó el concierto y, desde la distancia, vi que Clara me hacía señas para que me acercara al escenario. Entre la multitud recuerdo ver su micrófono tratando de llegar a alguien. Logré entrar al pequeño grupo que se había formado y, con mucha dificultad, Clara me presentó al nuevo director de Radioactiva, la emisora anfitriona del evento. Para mi sorpresa era Alejandro Nieto Molina.

Escasamente lo pude saludar, sin decir mi nombre.

El ambiente estaba agitado y todo el mundo empujaba para saludarlo a él y a su equipo de trabajo. Con su figura grande e inconfundible, siguió caminando, abriéndose paso entre la gente que, poco a poco, buscaba las salidas del estadio.

La vida nos volvería a reunir. Quizás debería decir que nos "volvería a encontrar", porque, aunque él no lo supiera, ya yo lo había conocido por televisión.

***

Meses atrás, en Medellín, mis compañeras de la Bolivariana y yo fuimos a hacer un *casting* a Caracol Radio. Allí conocimos a Andrés Nieto, el hermano de Alejandro. Él también estaba en el mundo de la radio y, por esos días, visitaba la ciudad por asuntos laborales.

Para ese entonces yo trabajaba en Teleantioquia, pero quería irme a Bogotá a incursionar en la televisión nacional, porque ese era mi sueño desde niña.

Durante nuestra conversación, mientras entraba y salía del estudio de radio donde hacíamos la prueba de audio, le comenté a Andrés sobre mis planes de mudanza y que me pondría en contacto con él a mi llegada a Bogotá en unos meses.

Así sucedió. Empezando el año 1996 llegué a Bogotá y mis intenciones eran entrar a la Javeriana a continuar con mis estudios de Comunicación Social y Periodismo. Quería terminar la carrera, condición que me puso mi papá para apoyarme en la mudanza y, según él, con mis ocurrencias (que no le gustaban mucho, pero a las que no tuvo más alternativa que apoyarme ante la insistencia de mi mamá). A ella y a mi tía María Teresa les debo haberlo convencido de ese cambio de ciudad.

Y aunque mi entrada a la universidad se retrasó un semestre, cumplí mi promesa de continuar mis estudios. Pero antes entré a trabajar por unos meses en el Departamento de Marketing y Relaciones Públicas de FM Discos & Cintas.

Fue una época muy divertida en Bogotá, o por lo menos a mí me lo parecía.

Mi llegada la hizo fácil un grupo de amigas de Barranquilla, con quienes rápidamente logramos unirnos al círculo de Andrés Nieto, quien me presentó a su gran amigo: el director de cine Simón Brand. Recuerdo en especial una noche en la que salimos a cenar a Al Dente, un restaurante en Usaquén, el barrio de Bogotá. En la misma mesa coincidimos Andrés, una amiga de ellos, Simón, yo, Alejandro y... su novia.

Fue una cena muy divertida, hablamos de radio, de los videos que filmaba Simón, quien vivía en Miami y trabajaba con los artistas latinos más importantes de la época. También hablamos de los conciertos y eventos que tenía Radioactiva para ese año. En fin, recuerdo una cena deliciosa en la que me concentré en la conversación, como si no sonara música de fondo y en la que tuve que pellizcarme para creer que estaba allí, sentada con estos personajes y hablando sobre cosas *off the record*, es decir, de carácter confidencial. El destino empezaba a hacer de las suyas con mi vida.

Días después de la noche en Al Dente, Andrés celebraba su cumpleaños. Había organizado una fiesta en su casa. Me invitó a que pasara por allí con mi grupo de amigas. Llegamos a tomarnos algo. Recuerdo que estaban Simón, Humberto Rodríguez (El Gato), buen amigo de "Los Nieto", y los compañeros de Radioactiva. Alejandro llegó sin novia, casi a la medianoche.

Como en toda casa de DJ que se respete, sonaba muy buena música. De repente, el ambiente se vio interrumpido por el citófono: llamaban de la portería. Andrés gritó:

—Bajen el volumen...

En cuestión de segundos y, como por arte de magia, la música desapareció.

Todos miramos a Andrés tomar el citófono. Dijo:

—Sí, ¿buenas noches? Dígame... ¡¿qué?¡ ¡¿cómo?!

Todos estábamos en vilo esperando saber qué pasaba. Andrés nos miraba y, asustado, nos dijo:

—Dice el portero que llegó la ley.

Todos dijimos, en coro:

—¿Cómo?

—Pero ¿cuántos son? —preguntó Andrés al portero.

—Don Andrés, son varios y quieren subir... —escuchamos que dijo el portero.

—¿Quién los llamó? —preguntó Andrés.

—Pues dicen que están invitados.

Andrés nos miró y dijo:

—¡¡¡¡Qué llegó la ley!!!!!!

En ese barrio era habitual que la policía llegara a llamar la atención si algún vecino se quejaba del ruido o de los "malos olores" en el balcón.

Andrés nos dijo:

—Quietos aquí, que voy a bajar a ver qué es lo que pasa.

Pasaron unos diez minutos. De pronto oímos voces subir por las escaleras. Todos nos mirábamos en un silencio sepulcral. Se abrió la puerta y vimos a Andrés entrar, muerto de risa.

Era La Ley, la de verdad.

Eran Beto Cuevas, vocalista del grupo chileno La Ley, y sus compañeros de banda. Entraron convencidos de que los estábamos esperando, muertos de risa. La Ley andaba de concierto en Bogotá y se acercaron a saludar a la gente de Radioactiva, a Alejandro y a Simón, quien, unos años atrás, había filmado el video de la canción *Autorruta*.

Superado el susto de "la ley", subimos el volumen y la rumba continuó mejor que antes. Fue una noche inolvidable.

Alejandro y yo solo cruzamos un par de frases y otro par de miradas.

Pocas semanas después, ese mismo grupo de amigos, sin "la ley", nos reunimos en Il Pomeriggio, un café-bar en el Centro Comercial Andino. Estaba de moda la terraza y era el lugar en el que cada tarde, después de salir del trabajo o la universidad, coincidíamos a tomar algo. Simón volvía a Miami y quisimos despedirlo esa tarde. Unimos dos mesas, nos sentamos y, al rato, noté que la silla a mi lado derecho estaba vacía. Así estuvo durante un buen rato hasta que apareció Alejandro, solo, saludó a todos, se acercó a la silla y me preguntó:

—¿Está bien si me siento aquí?

Le dije:

—Claro, la silla te está esperando.

Nos reímos. Empezamos a conversar de su día, del mío, de mi llegada a Bogotá unos meses atrás, de mi trabajo y mis planes de matricularme en la Javeriana para seguir con la carrera.

La conversación se volvió de dos. Alejandro y yo nos dedicamos a conversar el uno con el otro, como si en la mesa no hubiera nadie más. Recuerdo haberme excusado para ir al baño. Antes de levantarme, Alejandro se puso de pie. Esperó a que yo hiciera lo mismo. Me fui al baño con una sonrisa en la cara. Me pareció el detalle del siglo ese gesto que tuvo. Todo un caballero. Regresé a la mesa, se volvió a poner de pie, movió la silla para que me sentara y esperó hasta que estuviera cómoda. Se sentó y continuó la conversación hasta que alguien pidió la cuenta y nos despedimos. Camino a tomar un taxi en la calle 82, me dijo:

—¿Si quieres te llevo a tu casa en mi carro?

Le dije:

—Si no es mucha molestia, te acepto el ofrecimiento.

Nos fuimos conversando en su carro y, al dejarme en el edificio, le agradecí. Nos despedimos con un cortés beso en la mejilla y, al bajarme del carro, pensé: "¿Y este no me va a pedir el teléfono?".

Pues no. Alejandro no me pidió el teléfono y eso me dejó más inquieta de lo que ya estaba.

Años después me confesó que esa fue su estrategia.

***

Al parecer la estrategia le funcionó. Poco tiempo después se acercaba el concierto de Soda Stereo y Carlos Santana. Me atreví a llamar al teléfono de Radioactiva para ver si, por casualidad, había boletas disponibles. Quien contestó mi llamada fue Alejandro. Qué casualidad.

Le dije que me gustaban Soda y Santana y que quería ir con unas amigas al Campín.

Muy descarada yo. Éramos un grupo.

Su respuesta fue:

—¿Cuántas amigas son?

Yo me reí.

—Somos varias.

Ahí mismo me dijo:

—Claro que sí, con mucho gusto. Es más, les coordino el transporte.

Segundo detallazo y segundo paso de la estrategia: algo traía entre manos. Así ya estaba garantizado nuestro encuentro. Él lo tenía claro y yo me estaba dejando cortejar.

Qué bonito es que alguien te enamore con detalles.

Para mí fue nuestra primera cita. El Campín –otra vez El Campín–, donde meses atrás lo había "conocido". Volvíamos a coincidir, esta vez para estar juntos durante un concierto.

Del grupo de mis amigas se encargó el equipo de Radioactiva. Dejaron al jefe solo. Bueno, conmigo. Fue muy caballeroso. Cuando quise comprar algo para tomar, me dio la mano. Esquivamos la gente y caminamos por la gramilla hasta el kiosquito de bebidas. La inquietud rápidamente se convirtió en certeza: me gustaba Alejandro. Y fue mutuo y espontáneo.

Ahora que revivo ese momento tan bonito, mientras escribo, pienso: "Qué duro es que la gente se muera y nos deje con los recuerdos... con lo vivido". Eso sí, nadie nos lo quita.

Y aunque pasen los años, esos momentos quedan intactos en la memoria y vuelven como una especie de película que se repite una y otra vez por mucho tiempo, hasta que decides hacer algo con ella. En mi caso un pódcast y un libro, por ejemplo.

Así empezó una amistad en la que Alejandro quería estar en contacto conmigo durante el día, estaba decidido a enamorarme y lo consiguió.

Hasta me propuso regalarme un teléfono celular para estar en contacto si yo quería. Lo pensé y acepté el regalo. Me hacían mucha ilusión sus llamadas y su constante preocupación por saber cómo estaba y si nos podríamos ver al final del día. Todos los días. Su estrategia seguía teniendo éxito.

Salíamos a cenar, íbamos al cine y disfrutábamos mucho de estar juntos. Era evidente lo que sentíamos. Nos enamoramos y, como si supiéramos que empezaba una marcha contrarreloj, las cosas sucedieron rápido.

Yo tenía 21 años, Alejandro 28.

A las pocas semanas yo pasaba más días en su casa que en el apartamento que compartía con Paola, también estudiante de la Javeriana y quien fue cómplice de nuestro noviazgo.

Sin darnos cuenta, nos convertimos en Alejandro y Marcela, e íbamos en serio.

Para ese entonces, yo no era solo estudiante. No olvidé por un instante que mi gran sueño era entrar en la televisión y durante los días anteriores al inicio del romance con Alejandro estuve presentando un *casting*, junto a Víctor, un compañero de carrera en la Bolivariana.

Juntos queríamos ser anfitriones de un magazín que se llamaba *Todo que ver*, de Tevecine, que se emitía los viernes a las 7:30 de la noche y al que le buscaban nuevos presentadores. Tuvimos suerte y buena estrella porque nos llevamos el premio mayor. Gracias al programa nuestra vida cambió: entramos a hacer parte de la industria del entretenimiento de la televisión colombiana. Mi sueño se había hecho realidad.

Me seguían pasando cosas buenas, y mi noviazgo con Alejandro era la cereza del pastel.

Seguramente algunos colegas periodistas me vieron con él durante nuestras salidas por Bogotá y nuestra relación se empezó a colar en la prensa rosa. Todos querían saber con quién salía el director de Radioactiva y si era verdad que era la nueva presentadora de *Todo que ver*, una barranquillera recién llegada a Bogotá.

En la productora se enteraron del noviazgo con Alejandro y en las noticias de entretenimiento no se hicieron esperar las llamadas e intentos por lograr una entrevista o una foto "posada", a lo que accedimos mucho tiempo después.

***

Apenas habían pasado unos meses de noviazgo cuando Alejandro viajó a Nueva York con Carlos Vives, Martín de Francisco y Santiago Moure, quienes hacían, con mucho éxito, un programa radial todas las mañanas que se llamaba *La Tele en Radioactiva*.

Durante ese viaje de Alejo a Nueva York, una madrugada me sonó el teléfono. Desperté asustada. Contesté y sentí su voz. Me dijo:

—Perdóname si te desperté.

—No, tranquilo. ¿Qué tal salió el programa y las entrevistas de Carlos? —pregunté.

—Todo muy bien.

Me contó que habían salido a cenar y, luego de una pausa, dijo:

—Me haces mucha falta.

Yo, entredormida, me incorporé en la cama y, en ese momento, me empezó a importar menos que fuera de madrugada e, incluso, me parecido romántica la hora que eligió para llamarme. Muy diferente a como es ahora, que, para llamar a alguien, primero hay que pedir permiso por texto. Por eso recuerdo con mucha ternura esa llamada.

A continuación dijo:

—Quiero decirte que me haces mucha falta. Tanta, que me gustaría que estuvieras aquí conmigo. Es más, me haces tanta falta, que me estoy dando cuenta de que me gustaría estar siempre contigo. Es más, que me gustaría casarme contigo. ¿Nos casamos?

Me quedé sin palabras. Mi corazón empezó a latir muy rápido y le dije:

—¡¿Qué?! ¡¿Tú estás loco?! ¡¿Casarnos?! ¡¿Tan rápido?! Yo tengo 21, no he terminado la universidad, Alejo. ¿A ti no te parece que esto es muy pronto?

—No. Estoy seguro de querer casarme contigo. Y quiero que sepas que mis intenciones son reales y me gustaría saber si las tuyas también.

Muda.

Me quedé muda.

—Pero, Alejo, ¿por qué no lo hablábamos en persona? ¿Por qué no hablamos esto cuando vuelvas?

Y… me puse a llorar… Y le dije, entre lágrimas:

—Es que... Yo sí quiero, pero me parece que es muy rápido.

—Bueno… te dejo dormir —y colgó.

Casi lo mato.

Me quedé despierta hasta que amaneció y no se volvió a hablar del tema hasta su regreso. No volví a dormir bien durante las siguientes noches.

***

Yo creo que Alejandro sentía ese afán por vivir, ese ímpetu por no perderse de nada, por no dejar escapar nada, porque, tal vez, en el fondo de su corazón, sabía que su vida iba a ser corta. Alejandro, creo, no quería perderse de nada en el tiempo que estuviera vivo. Quizás sospechaba que iba morir joven. Puede que, por eso, fuera un hombre de esa naturaleza: siempre quería dejar una huella con su forma de hacer las cosas. Pedirme matrimonio fue una de ellas. En fin, él se arriesgaba a vivir intensamente.

Y me arrastró.

A su regreso me dijo:

—Quiero que lo pienses. No te voy a volver a preguntar, por ahora. Pero el día que lo vuelva a hacer me gustaría una respuesta definitiva.

Un tiempo después, no mucho, fuimos a pasar un fin de semana a Cartagena de Indias. Durante una caminata por la ciudad vieja nos encontramos con una vendedora callejera que llevaba unos anillitos de lata con la imagen de Minnie Mouse. Alejo compró uno y me lo puso en el dedo. Le di un beso y no dijimos nada más.

Se acercaba diciembre y estábamos planeando pasar la Navidad en Barranquilla. Juntos compramos los tiquetes aéreos y aprovechó para invitarme a cenar. Sentados a la mesa me preguntó:

—¿Te quieres casar conmigo?

Ya estábamos viviendo juntos hacia un par de meses. Lo miré a los ojos y le dije:

—¡Sí, sí quiero!

Recuerdo su cara, con una sonrisa. Muy bonita sonrisa la de Alejo, por cierto.

Fue muy especial, habían pasado seis meses desde que nos besamos por primera vez. La sonrisa se convirtió en una risa nerviosa.

—Uy —le dije—, ahora sí nos fuimos con todo.

Hoy miro hacia atrás y, a pesar de los apresurado que parecía la propuesta, no nos equivocamos. Nos lanzamos juntos a una aventura que duró 20 años... 20 años.

***

Seis meses después, en junio de 1997, nos casamos en Medellín, acompañados de nuestros amigos y familiares. Muchos recuerdos quedaron en el video de la boda, menos mal, porque solo unas cuantas fotos se salvaron porque los rollos de fotografía se velaron. Todavía me pregunto cómo pudo haber pasado algo tan absurdo en un día tan especial.

Durante nuestra luna de miel, el fotógrafo que habíamos contratado llamó a mi mamá para confesarle que en sus 30 años de experiencia como profesional nunca se le habían velado los rollos y, por alguna razón, solo quedaron unas pocas fotos de nuestra gran noche o, según Alejo, de mi gran noche, porque en el video solo aparezco yo bailando y él por ninguna parte. Esa fue una de las muchas anécdotas que según él eran el resultado de casarse con una barranquillera.

Así que tuvimos que echar mano de los fotógrafos del periódico *El Tiempo*, de las revistas *Tv y Novelas* y *Cromos*, y algunos otros medios que estuvieron ese día cubriendo la noticia en la iglesia y a la entrada de la fiesta.

Empezábamos una maravillosa vida juntos. Empezábamos la historia de Alejandro y Marcela, hasta que la muerte los separe.

Hoy, de esa historia, solo queda Marcela.

2

De Madrid al vacío

La noche anterior a la muerte de Alejandro dormí mal.

Algunas semanas atrás él se había ido a vivir a Miami, a empezar su nuevo trabajo como presidente de Univisión Radio. Paulina, Florencia y yo nos quedaríamos en Madrid por 6 meses más, hasta acabar el año escolar y cerrar nuestra etapa en esa ciudad, donde Alejandro había sido director general de la Cadena Ser.

Habíamos planeado hacer la mudanza en el verano de 2016 y celebrar los cumpleaños de las dos niñas en la Florida. Paulina tenía 13 años y Florencia 7.

Aunque tanto su papá como yo intentamos venderles la idea de una nueva y divertida vida en la ciudad del sol, no estaban muy convencidas de irse de Madrid. No querían dejar a sus amigas, su colegio y, lo que hasta ese momento era lo más importante, su casa.

Hubo muchas lágrimas el día que Alejandro decidió contarles la noticia. También le reproché que hubiera elegido el 21 de diciembre, día de mi cumpleaños, para decirles. Así que, mientras apagaba las velitas del pastel, también apagaba un incendio en la familia, con la promesa de que todo sería maravilloso al llegar a Miami.

Eso no era todo. Había que explicarles que Alejandro se iría en avanzada a trabajar y organizar los detalles, mientras nosotras tres tendríamos el tiempo suficiente para despedirnos de nuestros amigos y organizar la mudanza con calma. También hubo lagrimas porque no les parecía justo que la familia se separara y que el papá se fuera solo al otro lado del mundo, de su mundo.

Sin sospechar que sería la última noche de Alejandro, me fui a la cama después de hacer escala en las habitaciones de Paulina y Florencia, respectivamente, para darles las buenas noches. Desde que eran bebés era un ritual la visita a cada una de sus camas para darles un beso y apagarles la lamparita de la mesa de noche. Alejandro, habitualmente, hacia lo posible por llegar a tiempo a casa después de su día en la emisora y alcanzar a hacerlo también. Esa noche lo hice yo y él se despidió por teléfono, desde Miami. En Madrid, con 6 horas de diferencia, las luces de la casa ya estaban apagadas. Mi mamá, que estaba de visita en Madrid, también se fue a la cama temprano, porque siempre madrugaba para ayudarme a organizar a las niñas para salir al colegio. Los lunes eran especialmente complicados porque Dora, quien nos ayudaba en casa, llegaba al mediodía, después de sus días de descanso.

Todas caímos rendidas porque caminamos durante toda la tarde. También nos acompañó mi tío, Salvador, hermano menor de mi padre, quien desde los años sesenta vivía en España. Era uno más del equipo de "los fines de semana" de nuestra vida familiar madrileña.

Nos encantaba salir a caminar. A veces las niñas llevaban sus patinetas porque avanzábamos más rápido y, según ellas, era más divertido.

Ese día elegimos la ruta que nos llevó desde la calle de Montesquinza hasta el Barrio de las Letras. Tomamos el camino desde Colón, por el Paseo de Recoletos, y llegamos a Cibeles. Luego, caminamos por el Paseo del Prado hasta el museo Thyssen-Bornemisza. Recuerdo haberle hecho una foto a Florencia, para enviársela a Alejandro. Luego avanzamos un poco y, a la derecha, cruzamos la calle para entrar al Hotel Palace. En la puerta le pedí a Paulina que posara para una foto, también para Alejandro. Más adelante, por una callecita, entramos al Barrio de las Letras, hasta llegar al restaurante donde nos gustaba comer habitualmente los fines de semana.

Ese día volvimos caminando y nos detuvimos frente al ayuntamiento de la ciudad, en la calle Alcalá, delante de Cibeles. Les dije a Pau y a Flo que quería una foto más para mandársela a su papá.

Hicimos la foto de familia e, inmediatamente, se la envié a Alejandro por WhatsApp. Respondió contento de vernos bien y disfrutando de un domingo "fresquito" de Madrid.

Era 7 de febrero y se había perdido el paseo, pero yo sabía que estaba feliz porque le fascinaba el fútbol americano y esa noche se jugaba el *Superbowl*.

Los Carolina Panthers jugaban contra los Broncos de Denver, equipo en el que estaba Leyton Manning. Alejo lo admiraba mucho. Además, me había comentado que en el *halftime* iba a tocar Coldplay y, como buen DJ, no se iba a parar del televisor para no perderse ese icónico *show* de medio tiempo. Cada año decía lo mismo: "Estos tipos son unos *cracks* para hacer televisión. Montan y bajan ese *show* en minutos".

Recuerdo que me alegré mucho de que pudiera ver su partido.

En la madrugada sonó el teléfono. Me desperté asustada, miré el reloj, eran las dos y ocho minutos de la mañana.

Me saludaron en inglés. Era una mujer.

Preguntó por mí con nombre y apellido. Luego se identificó como una representante del Departamento de Seguridad y Fraude del banco donde teníamos la cuenta familiar y me dijo que, al otro lado de la línea, estaba un usuario que decía ser mi esposo y que se llamaba Alejandro Nieto.

Yo respondí que sí, que ese era mi esposo y, simultáneamente, le escribí a él por WhatsApp preguntándole que si estaba en una llamada con el banco. Me dijo que sí, que le perdonara la hora, pero que la representante no le iba a ayudar con su petición hasta que la segunda persona autorizada en esa misma cuenta no diera el "ok". Mientras leí lo que Alejandro escribía, la señora hacia las preguntas de seguridad, a las que yo, escasamente, le podía responder. Estaba medio dormida. Luego, la del banco tuvo la osadía de preguntarme la clave telefónica. Era la madrugada y yo, literalmente, no daba crédito a lo que me estaba pasando: ¿Por cuál de las dos mil claves que nos tocaba memorizar me estaba preguntando?

Superado el tema de las preguntas y respuestas correctas, y la clave secreta, me dijo:

—Le voy a dar un número. Usted dele a su esposo ese número por texto y él debe darme ese mismo número para yo poder confirmar que son ambos los dueños de la cuenta y proceder a ayudar a su esposo con lo que necesita.

Seguimos las instrucciones al pie de la letra y le di a Alejo el número. Hubo un silencio y, a continuación, ella me agradeció y cortó la llamada sin despedirse.

Pasaron unos minutos y Alejo me llamó a pedirme disculpas por la llamada. Él le explicó a la del banco que había diferencia horaria donde yo me encontraba y que me iba a despertar y no era necesario que me llamara. Sin embargo, ella se empecinó. Alejandro me pidió que volviera a dormir y dijo que en la mañana volveríamos a hablar.

—Perdóname, mi amor, por la desvelada. Mañana pongo la queja en el banco. Descansa, por favor.

Alejandro estaba organizando las cuentas y todo en Estados Unidos porque, con la mudanza, había que cambiar direcciones y datos personales. Lo entendí, pero me desvelé porque me entró la pensadera, esa que no deja dormir, esa que nos hace la noche eterna: ¿Empezar otra vez, después de 6 años acá? ¿De Barranquilla a Medellín, de Medellín a Bogotá, de Bogotá a Miami, de Miami a Madrid y otra vez a Miami? ¿Volver?

Muchas preguntas, pero ninguna duda de que siempre estaría con Alejandro.

Qué iba yo a sospechar que esa sería mi última conversación con él.

Casi no puedo volver a conciliar el sueño. Finalmente, cuando me dormí, sonó el despertador.

Hora de levantarse para ir colegio. Lunes, 7:00 a. m.

Nosotras en pie y Alejo, al otro lado del océano, seguramente dormido. Probablemente se acostó tarde viendo el *Superbowl*, pensé.

Me levanté con el titular de que ganaron los Broncos. Alejandro debió estar dichoso.

Con mi mamá alistamos a las niñas y salimos a hacer los recados, caminando. Pasamos por la farmacia y la lavandería. Después nos tomamos un café en el barrio y luego nos fuimos a hacer unas compras. No volvimos a casa sino como hasta las tres de la tarde.

Miré el teléfono y no tenía mensajes de Alejandro. Pensé que había salido temprano para el trabajo y que me llamaría desde su nueva oficina, en Univisión, durante la mañana. Yo sabía que estaba muy ocupado e, incluso, días atrás me había dicho que estaba muy emocionado y con muchas ideas y temas por resolver.

Cuando llegamos a la casa con mi mamá, entré a mi habitación a dejar las compras. Me sonó el teléfono. Solté las bolsas y vi que aparecía en el identificador de llamadas un teléfono de Estados Unidos. Lo tenía guardado como el del edificio donde estaba viviendo temporalmente Alejandro, mientras encontrábamos una casa ideal para mudarnos. Eso era lo que habíamos planeado.

Pensé que debían ser los técnicos de la compañía de internet, que habían ido a solucionar unos temas en el apartamento y el mío, aunque yo estaba en Madrid, era el teléfono de contacto al que debían llamar para autorizar a todos las personas que quisieran entrar al apartamento.

Pensé que sería una llamada como la del banco: otra formalidad.

También esta vez la persona preguntó por mí con nombre y apellido. Me identifiqué y me dijo:

—Señora, ¿usted donde se encuentra?

Le dije:

—En Madrid, en España. Pero dígame en qué lo puedo ayudar. ¿Llegaron los del internet?

El señor me dijo:

—No, señora. ¿Hay alguien aquí que la pueda ayudar?

—No, pero dígame. Yo resuelvo.

—No, señora. A usted le va a tocar viajar a Miami. Su esposo se desvaneció en el gimnasio y le están dando CPR.

Me lo dijo en inglés. Mi corazón se aceleró y quise confirmar lo que me estaba diciendo.

—¿CPR? —dije en inglés. Me pareció una locura lo que oía. Se aceleró mi corazón—. Dígamelo en español —le pedí.

Tuve dudas de mi inglés, tuve dudas de todo.

El señor me dijo:

—Señora, a su esposo le están dando en este momento resucitación cardiorrespiratoria.

Recuerdo haber sentido un calor en todo mi cuerpo, como un fogonazo.

A miles de kilómetros de distancia empecé a decirle al señor que, por favor, llamara a una ambulancia, que mi esposo tomaba una medicación para la coagulación desde hacía muchos años y que era importante que lo supieran los paramédicos. Le supliqué que no cortara la llamada y que me fuera diciendo qué iba pasando. Yo hablaba la mitad en inglés, la mitad en español. Él no hablaba muy bien español y eso hacía todo más confuso y aterrador.

Entre mis súplicas, me dijo que él no estaba en el gimnasio, que estaba en la oficina, pero que me volvería a llamar para decirme adónde lo llevarían.

A Alejandro nadie lo conocía en el edificio. Llevaba ocho días viviendo allí. Las personas que hacían ejercicio a la misma hora no sabían su nombre.

Alejo estaba solo y yo no lo podía ayudar.

Miré el reloj, eran como las 3:20 de la tarde para mí, las 9:20 de la mañana para él.

Al otro lado de la línea el señor me dijo que se lo llevaban para un determinado hospital.

Llamé a varias personas en Miami: a Fabrizio Alcobe (amigo y compañero en Univisión), a Julio Sánchez Cristo (su amigo, porque calculé que estaba en Caracol Radio y cerca del hospital al que llevarían a Alejandro) y a Humberto Rodríguez, su amigo de muchos años. Luego a Cecilia Sosa, vecina del mismo hospital, a Uchi Botero, quien había estado ayudándolo días antes con algunas citas médicas, y a Leticia Martelo y Verónica Segrera. Mis dedos buscaban con rapidez contactos en el teléfono móvil.

A todos les pedí que fueran de inmediato al hospital a acompañar a Alejandro. Les pedí que, por favor, me llamaran al llegar, que no lo dejaran solo y que hicieran lo que fuera por salvarlo.

Sobre todo, les pedí que no lo dejaran solo. Desde la distancia, esa era mi gran obsesión.

Mientras tanto, en Madrid, las niñas estaban en el colegio, faltaba una hora o algo más para que llegaran a casa. Mi mamá entró a la habitación y me preguntó:

—¿Qué pasa? ¿Por qué esa cara?

Le conté que Alejandro iba camino al hospital en una ambulancia, porque se había desmayado en el gimnasio.

Mi mamá cayó sentada en el sofá. Yo le dije:

—Mamá, vamos a esperar. Vamos a tener paciencia y esperar a que me llamen desde el hospital.

Mi voz sonaba calmada porque, no sé cómo, guardé la compostura. Igual, estaba muy lejos y no podía hacer nada más que esperar instrucciones por teléfono. De todos modos, yo quería tener alas para atravesar el océano.

No sabía si llorar o gritar o salir corriendo. Pero no había adónde. Cuando estas cosas pasan, no hay a dónde ir, es la vulnerabilidad total.

Estaba en *shock*, en un estado entre la incredulidad y el miedo, la esperanza y el vacío. Atravesaba uno de los momentos más difíciles de mi vida, y sin saber lo que se venía. Solo pensaba en que me llamaran para decirme que todo estaba bajo control. Así podría decirles a Pau y a Flo que papá se había sentido mal y que estaba en el hospital, pero que no se preocuparan porque se recuperaría. Imaginaba sus caritas al llegar del colegio y tener que contarles todo. ¿Cómo decirles que se desvaneció en el gimnasio? ¿Cómo narrarles que los paramédicos tuvieron que reanimarlo? ¿Con qué corazón podía darles esa noticia?

Mientras ellas llegaban, se me vino a la cabeza, como un golpe, la obligación que tenía con la familia de Alejandro: primero Andrés, su hermano, para que se acercara a casa de su mamá y fuera él quien le dijera que Alejandro estaba muy delicado en el hospital.

—Tranquila. Si ya lo llevaron al hospital, allí lo van a ayudar. No te preocupes. Vamos a tener paciencia y todo saldrá bien. Yo le aviso a mi mamá —dijo Andrés, intentando tranquilizarme cuando hablé con él por teléfono.

Aunque en un principio me tomé las cosas con calma y compostura, la tranquilidad se me fue desvaneciendo con cada minuto que pasaba. Al segundo parecía una telefonista. Llamadas entraban, salían y mi angustia era cada vez peor. Mi mamá, en completo silencio, permanecía sentada en la sala de casa con mi tío Salvador. Ella lo llamó y él había llegado a acompañarnos a esperar noticias de Miami.

Todo parecía una película de suspenso. Era una zozobra interminable.

Poco a poco los amigos que llamé, y otros más, fueron llegando al hospital. Cada uno me llamaba a reportar que estaban allí y que Alejandro no estaba solo.

Los minutos pasaban, seguían las llamadas, pero ninguna nueva noticia. Solo crecía la incertidumbre.

—Ajá, pero ¿qué saben de Alejo? ¿Dónde lo tienen? ¿Pero lo están operando? ¿Qué le están haciendo? —preguntaba insistentemente a quienes me llamaban.

Todos respondían lo mismo: no sabemos nada.

Me empecé a desesperar. Para tranquilizarme, cerraba mis ojos y empezaba a respirar de manera consciente. Intentaba concentrarme, para no enloquecer.

Las niñas estaban por llegar.

Le dije a Dora:

—Cuando se bajen del bus, vayan y den una vuelta por el barrio. Entren a la librería Pasajes, que tanto les gusta, y luego las invita a tomar algo por ahí cerca.

Yo solo quería tiempo. Quería tiempo para poder tenerles una buena noticia. Por la ventana miraba al cielo y trataba de conectarme con Alejo mentalmente, para darle fuerzas y que supiera que yo estaba con él.

Lo de retrasar la llegada de las niñas no funcionó. Venían cansadas del colegio y no aceptaron tomar nada. Prefirieron ir directamente a casa e insistieron tanto que Dora no tuvo otra opción. Llegaron e hice mi mejor esfuerzo por saludar como habitualmente lo hacía y comentarles que estaría en mi habitación esperando una llamada. Afortunadamente, ellas no notaron nada extraño y cada una fue a su habitación a hacer sus deberes y descansar, antes de la cena, como todos los días. Mi mamá ayudó manteniéndolas algo distraídas, mientras Salvador estaba conmigo en la habitación.

Al final de la tarde, sonó el teléfono de nuevo. Contesté y me dijeron —en español, creo—:

—Un momento, por favor. Le van a hablar.

Era la doctora desde cuidados intensivos. Tenía una voz pausada. Como en las películas, me dijo:

—Hicimos todo lo posible, pero no pudimos lograrlo. Él no lo superó. Su esposo falleció. Lo siento muchísimo.

No tuve reacción. Quedé como congelada con el teléfono en la mano. Las piernas me flaquearon y tuve que sentarme sobre la cama, miré a mi tío fijamente y no hubo necesidad de decirle nada. Él bajó la mirada y puso su cabeza entre sus manos. Traté de ponerme de pie, para seguir oyendo la voz de la doctora, que me dijo:

—Alguien quiere hablarle.

Era Fabrizio. Me habló con la voz entrecortada, me dijo que tuviera fuerza, que no estaba sola y que él se encargaría de todo mientras yo llegaba a Miami.

Ahí estaba yo, sentada al lado de la cama donde dormía Alejandro, pidiendo a Dios por sabiduría y calma para manejar la situación. En la habitación del lado estaban Florencia y mi mamá, haciendo las tareas. Mas allá, Paulina, con la puerta cerrada, quizás reposando. No sé. En la cocina estaba Dora.

Alejandro no estaba. Alejandro ya no estaba.

Ese día cambió mi vida y empezó mi duelo. Bueno, nuestro duelo: el de Pau, Flo y el mío. Esa noche le conté a Pau ante la inminente noticia en medios de comunicación. Era obvio que tenía que ser yo quien le diera la peor noticia de su vida. A Flo le conté al otro día, cuando llegamos a Miami, aunque su intuición le reveló mucho antes que papá ya no estaba.

Ella soñó en el avión que papá se moría. Ella me dijo:

—Mamá, soñé que papá se murió. Mamá, papá está en el cielo.

¿Cómo sospechar que algo así pasaría? Se suponía que estábamos a punto de empezar una maravillosa etapa para la familia. Alejandro con la ilusión de trabajar en el mercado radial estadounidense, que era una de sus aspiraciones, y yo con la posibilidad de volver a la televisión después de algunos años fuera del aire.

Nos habíamos prometido que la mudanza, la adaptación de las niñas y el cambio de país lo íbamos a hacer con serenidad y con alegría. Nos dijimos que íbamos a hacer eso con todo el entusiasmo.

Ay, lo que se me venía. Nadie lo hubiera podido calcular.

Así que luego de la complicidad con la que empezábamos este proyecto, y con todos los sueños y planes que teníamos por delante, ¿cómo era posible que la muerte hubiera cambiado el rumbo de mi vida de esa forma? Era absurdo. Era imposible de creer.

Así es la muerte, aparece cuando uno menos la espera y, aunque en el fondo sabemos que es inevitable, nos negamos incluso a hablar de ella. Lo que pasa es que estamos convencidos de que las cosas malas solo les pasan a los demás, hasta que nos suceden a nosotros, y nos confirman que todos somos iguales, que a todos nos duele perder a las personas que amamos.

Cuando a alguien a quien conocemos le sucede una tragedia hay un cierto alivio en nosotros al saber que no somos a quienes les tocó vivirla. De ese alivio nadie habla. De ese sentimiento de tranquilidad de saber que no somos nosotros los que estamos sufriendo. Incluso, agradecemos a Dios por habernos salvado de semejante dolor. Es un alivio que sale de nuestro lado más oscuro.

Pero cuando nos llega el momento es que hacemos consciente la vulnerabilidad a la que estamos expuestos y la incertidumbre a la que estamos obligados a vivir permanentemente y a la que tenemos que hacer nuestra amiga, para poder convivir con ella y no enloquecer.

***

La muerte de Alejandro fue noticia. Apareció en muchos medios de comunicación en España, Colombia y Estados Unidos. Saltó de teléfono en teléfono. Fue una noticia que compartieron amigos, conocidos y extraños que lamentaban la muerte de alguien joven (Alejandro tenía apenas 48 años recién cumplidos) y con mucho talento, reconocido públicamente y con un futuro indiscutible. Para todos era inexplicable que alguien así muriera en un gimnasio y dejara una viuda y dos hijas. Parecía mentira.

Y en la mitad de la tormenta, estaba yo.

Otra vez yo.

Como cuando murió nuestro hijo, Miguel, 11 años antes.

Nuestro bebé falleció el día del parto y, ante ese dolor indescriptible para mí, Alejandro estuvo conmigo. Juntos abrazamos la tristeza más profunda y nos prometimos salir adelante, por Paulina, quien nos necesitaba más que nunca.

Pero ahora él no estaba. La paradoja: lo necesitaba para lidiar con su muerte.

El día que murió Alejandro pensé en Miguel. Reviví por instantes ese sentimiento de vacío, de incredulidad.

Es algo que solo puede sentirlo quien lo vive. Y yo reconocí ese dolor. Reconocí ese sentimiento, pero nunca hubiera imaginado lo que me esperaba y lo que este nuevo duelo iba a hacerle a mi vida y a la de nuestras hijas.

3

Miel para aliviar el dolor

Dos años después de la muerte de Alejandro, Paulina, Florencia y yo estábamos establecidas en Miami. Seguimos el camino que Alejandro trazó y que yo, por instinto, por intuición, creí conveniente continuar. Si Alejo escogió este lugar para vivir antes de morir, por algo tendría que ser, fue lo que pensé.

Vivíamos en un apartamento situado en la misma calle a la que llegamos cuando vivimos en Miami en el 2005, luego de la muerte de nuestro hijo Miguel. Tal vez no era coincidencia, sino ganas de seguir una historia que había quedado empezada y que me correspondía continuar. En el fondo, pensé que Alejandro hubiera tomado la misma decisión: regresar justo al barrio donde habíamos vivido en familia. Y, bueno, donde nació Florencia.

El mensaje estaba claro.

Una mañana, estando en casa, recibí la llamada de Tania, mi vecina de la calle de Orfilia, en Madrid. Luego de un efusivo saludo, me dijo que Juan Ferré, su esposo, vendría a Miami al congreso anual de su firma de abogados y que me enviaría un detalle con él.

Me emocionó oírla y saber que Juan venía. Era como abrazar esos recuerdos tan lindos que habíamos vivido juntos durante nuestros años en Madrid. Los "Nieto Sarmiento" vivíamos en el piso de abajo de su apartamento y, desde el primer encuentro, al llegar al edificio, surgió una amistad que, aún ahora, mantiene intacto el amor, el respeto y la intensidad de aquellos años.

Tania me dio algunas instrucciones sobre el regalo. Entre ellas, me dijo:

—Si no estás lista para recibirlo en este momento, Marce, estoy segura de que algún día lo estarás. Lo vas a disfrutar, aunque "disfrutar" no sé si sea la palabra exacta, pero se acerca.

Le dije que el solo hecho de acordarse de mí ya era un detalle muy especial. Luego confesé que haber puesto a Juan de mensajero ya era un gran esfuerzo.

A los señores generalmente no les gusta cargar muchas cosas en su maleta. Pero en esta ocasión, Juan estuvo de acuerdo y prometió llamarme al llegar a Miami y organizar un encuentro.

El congreso de abogados fue de miércoles a viernes, así que quedamos de reunirnos el domingo en la tarde. Juan nos invitó a Paulina, Florencia y a mí a South Beach, a disfrutar un rato de la playa. Las niñas y yo nos acercamos a su hotel. Nosotras llegamos y él ya nos esperaba en la arena. Estábamos felices de verlo. Nos dimos un abrazo. Estoy segura de que Juan pensó lo mismo que yo en ese instante: "Lástima que Alejo no esté aquí".

Ese pensamiento me acompañó por mucho tiempo después de la muerte de Alejandro. Era inconcebible el hecho de que no estuviera. Alejo se estaba perdiendo de ese momento en que él encajaba perfectamente. Todo estaba, menos él. Eso cuesta mucho entenderlo. Cuesta creerlo, cuesta vivirlo, cuesta sentirlo y, luego, cuesta mucho aceptarlo. Pero ahí estábamos nosotras tres, con Juan y sin Alejandro.

Cuando nos instalamos en unas tumbonas, Juan sacó un paquete de su bolsa de playa. No era muy grande. Al entregármelo, me dijo:

—Primero ábrelo y luego te cuento una anécdota.

Abrí el paquete y, en su interior, había un libro y un frasco de miel.

Paulina y Florencia miraron curiosas. Saqué el frasco y dije:

—¡Ahí está pintada tu mujer! Esta debe ser una miel deliciosa porque, si no, no te hubiera puesto en estas.

Juan me contestó, sorprendido:

—Marce, yo tampoco sabía lo que tu amiga te mandó. Esta mañana me dio por revisar, lo saqué de la maleta para meterlo en la bolsa de playa, y pensé: ¿y esto qué será? ¿Por qué está tan pesado? Abro y, ¡pum!, la gran sorpresa fue que tu amiguita se atrevió a enviar "comida" en mi maleta, sin caer en cuenta de que entrar a Estados Unidos estos "líquidos" hubiera podido ser una situación incómoda en la aduana. Y, lo peor, yo no habría sabido qué decir porque no tenía idea del contenido del frasco.

Juan, además, nos contó que el agente de aduana le preguntó:

—¿Algo qué declarar?

—No —dijo Juan.

—¿Algo comestible en su equipaje?

—Nada —respondió Juan.

Sin querer, y completamente inocente de la situación, entró miel a los Estados Unidos y, cuando se dio cuenta de ello, esa mañana antes de encontrarse con nosotras, llamó a Tania a decirle que era el colmo que lo hubiera puesto a cargar miel como si en Miami no hubiera.

Todas nos reímos de la anécdota, mientras yo sacaba del paquete la segunda parte de mi regalo.

Era un libro.

Leí en voz alta el título: *La ridícula idea de no volver a verte.*

—Es de Rosa Montero —dije—. Me encanta Rosa. Siempre la leo en sus artículos de prensa en *El País*.

Leí la contraportada en silencio. Pau y Flo ya se habían acomodado en sus tumbonas y pedimos algo de tomar.

Mientras llegaba el mesero, alcancé a ver un sobre que sobresalía del libro. Dije:

—Ayyy, qué emoción. Tania me mandó una carta.

A mí me fascinan las cartas escritas a mano. Y esa era, evidentemente, una. El sobre decía "Marcela". No estaba sellado, así que lo abrí y, cuando me disponía a sacar la carta, me detuve. Tal vez no era el momento correcto para hacerlo. Juan, Paulina y Florencia estaban esperando a que me uniera a la conversación y era mejor esperar a leerla en otro momento.

No me equivoqué.

Pensé que sería mejor leerla al llegar a la casa, y en silencio. Guardé el libro en mi mochila y me aseguré de que la carta estuviera adentro.

Pasamos una tarde superagradable. El sol de Miami, como siempre, no defraudó. Allí estuvo brillando para nosotros y para los cientos de turistas a nuestro alrededor. Llegó la hora de despedirnos. Nada fácil eso de despedirse de la gente que uno quiere. Juan volvía a su casa, a Madrid, al mismo edificio donde habíamos sido tan felices con Alejandro.

Nosotras tres de regreso a nuestra casa en Miami. Una casa que, todavía, no tenía esa fuerza ni ese equilibrio por el que tanto luchábamos cada día. Era un refugio, pero las tres, en el fondo, lo sentíamos como temporal, como si estuviéramos esperando que pasase algo, que alguna fuerza, quizás un milagro, nos devolvería a lo que habíamos sido.

12 de febrero de 2018

Querida Marce,

Te envío esta lectura de Rosa Montero, me encanta cómo escribe. Probablemente la conozcas personalmente, periodista como tú también perdió a su marido demasiado pronto. Este libro habla de esa pérdida a través de la historia de Marie Curie, otra mujer increíble en su época que también perdió a su marido inesperadamente. Me he atrevido a enviártela, me llegó al alma, la devoré en un viaje en tren a Barcelona, donde estuviste siempre presente, hay demasiadas coincidencias. Aquí te dejo también un poco de miel por si decides tirar el libro por la ventana y prefieres endulzar tu día. Mil millones de besos!

Te quiero, tania

Esa noche, después de aguantar sol toda la tarde, nos fuimos a la cama temprano. Aproveché el silencio y saqué el libro de la mochila. Lo abrí y saqué la carta. La abrí y vi que era de una página, escrita a mano, con la fecha en la parte derecha superior: 12 de febrero de 2018. Dos años y cuatro días después del día que Alejandro murió.

Casi no pude terminar de leerla porque mis ojos estaban encharcados de lágrimas. Por primera vez en años recibía una carta a mano.

Las palabras escritas por Tania fueron auténticas, así las sentí. Ella no me envió esa carta para consolarme, ni hacerme preguntas, ni llenarme de nostalgia o inquietudes. Lo que hicieron sus palabras fue recordarme que había otras mujeres a las que les pasó lo mismo que a mí. Y que la vida continúa aun después de perder un gran amor.

A Rosa Montero le pasó. Y a madame Curie también.

Leí y releí la carta. La cerré, la guardé en su sobre como un tesoro y la puse entre las páginas del libro. La conservo como un tesoro, un sobre con palabras que valen más que el oro.

Ese fue el inicio para empezar a vivir mi duelo con una perspectiva distinta. Realmente fue como una motivación para salir adelante.

¡Ay, el poder de un libro!

Y fue también valioso porque, en ese momento, pensé: "Yo tengo que hacer algo a partir de ese libro". No tenía idea qué, pero debía hacer algo.

Desde ese momento está siempre en mi mesa de noche.

Y, sí, fue la semilla del pódcast que luego de varios años de duelo se convertiría en uno de los proyectos personales y profesionales más importantes de mi vida. El pódcast lleva como nombre *Después del amor* y, sin duda alguna, es lo que a través de sus sonidos inspiró las letras para este libro.

Luego de guardar la carta, abrí el libro para ver la dedicatoria de Rosa: "Para toda mi gente querida, con amor, sabéis quienes sois, aunque no os nombre".

Pensé: Qué forma tan justa de agradecer a todos los que seguramente han estado con ella y que merecen un homenaje por su apoyo. Quienes estuvieron con ella, honestamente, sentirán la dedicatoria como un abrazo en la distancia.

Volví a la portada y me quedé mirando la foto por varios minutos: una mujer vestida como en los años cincuenta, con una falda amplia que llega debajo de la rodilla, volando encima de una ciudad que parece New York.

Empecé a leer.

Desde sus primeras páginas descubrí que esa historia no era solo de dos personajes, sino que había una tercera: yo.

Fue inmediato. Me identifiqué con la lectura.

Así como ellas, yo tenía mi propia historia y la carta de Tania me permitió ver y sentir claramente que a mí me estaba pasando lo mismo.

Lloré un rato.

Me imagino que dos años son poco para tramitar una muerte. Seguía muy sensible a las demostraciones de cariño de mis amigas y amigos, a todos los recuerdos y a la música en general. Alejo y yo éramos una pareja muy musical. Es más, desde que murió empecé a escuchar música clásica con mucha intensidad, porque era la única que no me recordaba todos los momentos que habíamos vivido juntos. Las parejas tienen un *soundtrack* de su vida juntos y, en mi caso, haberme casado con un DJ irremediablemente hacía que muchas canciones y cantantes estuvieran directamente relacionados con los 20 años de vida junto a Alejo.

La música clásica fue una de mis estrategias para amansar a la bestia: el duelo.

No sé en qué página quedé aquella noche. Me vencieron el sueño y los ojos pesados por el llanto.

No recuerdo cuánto tiempo pasó, pero me desperté con el libro a un lado. La carta se había salido y la volví a guardar en la última página. Puse el libro en la mesa de noche y apagué la luz.

4

Sonriéndole a la muerte

Cuando era niña, en Barranquilla, siempre me gustó contar historias y sentarme a escuchar las de los demás en la casa de mi abuela paterna. Nos reuníamos en la terraza. Los adultos se sentaban en mecedoras y a los niños nos tocaba en el suelo. Pero a todos, sin importar la edad, nos gustaba participar de los cuentos y las anécdotas de la familia. También me fascinaban los concursos de canto, baile o chistes que se organizaban en las fiestas de cumpleaños que, al mejor estilo barranquillero, se salían de toda proporción: magos, payasos, bailarines, títeres, cantantes. Ni qué decir de los banquetes que se servían mientras duraba la celebración, con unas mesas de dulces insuperables hasta la fecha. Barranquilla era y continúa siendo única y especial. Barranquilla es la niñez de la que nunca me he desprendido, aunque pasen los años.

No en vano somos dueños del carnaval más alegre de Colombia, con un eslogan que dice: "Quien lo vive es quien lo goza". Y es que, a los barranquilleros, desde que somos niños, nos impregnan de esa espontaneidad y de esa oralidad que nos acompaña a donde quiera que vayamos.

El carnaval, que se celebra 40 días antes de la Semana Santa, por mandato divino, es una experiencia muy particular. Va desde disfrutar de cuatro días de alegría y jolgorio, hasta caer luego en otro estado de ánimo, sin perder el gozo, que consiste en celebrar la muerte de Joselito Carnaval, ese personaje que encarna el carnaval de Barranquilla.

El esposo de Barranquilla muere después de gozar con tanta intensidad y va dejando atrás a viudas, hijos y seguidores, que lo despiden con dolor, pero con la certeza de que al siguiente año resucitará, para seguir disfrutando de las fiestas.

Esa es la primera y más cercana relación cultural que tenemos los barranquilleros con la muerte.

Pero la muerte de Joselito es una parodia de la vida: se nace, se goza y se muere.

El carnaval es una manera tan franca, honesta y desparpajada de celebrar que choca: a la vida se viene a gozar y, luego, ese gozo se acaba. Pero con certeza vendrá después otra cosa.

En aquella época, recuerdo haberme vestido de negro con algunas amigas del barrio. Éramos niñas, pero comprendíamos perfectamente la puesta en escena y lo que significaba la tradición. Armábamos una "recocha" que es difícil de olvidar.

Con aire dramático y sacando nuestro lado más histriónico, nos disfrazábamos de viudas en riguroso negro, inspiradas en las películas antiguas, al mejor estilo de Lauren Bacall, la eterna viuda de Hollywood. Recorríamos las calles del barrio llorando y gimiendo por Joselito. De casa en casa pedíamos dinero para enterrar al "pobre hombre" que había muerto por exceso de placer en el cuerpo y el espíritu durante cuatro días de fiesta y celebración. El dinero que recolectábamos lo repartíamos al final por partes iguales. Era teatro callejero.

Si mal no recuerdo, esa fue mi primera experiencia con la muerte. Una muerte simbólica y llena de contradicciones. Una muerte de mentiras, pero que significaba sin duda el final de unos días inolvidables, para empezar de nuevo la rutina. En mi caso, volver al colegio y darle una tregua al espíritu carnavalero. Solo los barranquilleros compartimos estos códigos de vida y los llevamos por siempre adonde quiera que vayamos.

También tengo el recuerdo de vestirme y llevar con orgullo mi traje de cumbiambera, atuendo típico de la región que lucimos las mujeres de Barranquilla y sus alrededores durante las jornadas de fiesta del carnaval. El vestido consta de una falda de vuelo ancho y una blusa a juego de colores blanco y rojo. Adornamos nuestra cabeza con flores y, por último, debemos llevar siempre una sonrisa de lado a lado porque si no, no somos dignas de llevar nuestro traje. Desde pequeña aprendí que la alegría era mi maquillaje y luego descubrí que lo seguiría siendo por siempre, aunque no fueran días de carnaval. La alegría la llevo conmigo como uno de mis grandes compromisos con la vida.

Alejo nunca se lanzó a las calles conmigo en los días de carnaval durante nuestros años de matrimonio, por temor a hacer el ridículo, según él. Pero le fascinaba el sombrero vueltiao, que llevan los parejos de las cumbiamberas, típico de la región e ícono de Colombia.

Él adoraba la cultura barranquillera y gozaba con los cuentos y anécdotas que oía cuando visitábamos la ciudad. Incluso usaba con frecuencia el sombrero en los viajes y vacaciones de playa.

Yo le puse el sombrero vueltiao y con él le quise dar mi alegría y mi forma de ver la vida, algo más relajada y abierta que la manera como lo criaron a él.

Nacido en Bogotá, Alejo pasó la mitad de su vida en Medellín, y en eso teníamos mucho en común. La familia materna de ambos era antioqueña, y nuestros gustos y costumbres estaban definitivamente marcados por esa cultura. Pero, a diferencia de Alejandro, yo no conocía la palabra timidez y me desenvolvía bien cuando se trataba de compartir en círculos que no eran los míos.

Yo viví en Medellín desde los 13 hasta los 21 años. Luego de la separación de mis padres, convertí los paseos a la playa, los domingos, en caminatas por fincas cafeteras en las montañas antioqueñas.

Durante mi adolescencia recibí el apodo de "la costeña" o "la coste", primero en el colegio y, luego, cuando entré a la Universidad Pontificia Bolivariana de Medellín a estudiar Comunicación Social y Periodismo.

Irónicamente, siendo barranquillera, empecé mi carrera de presentadora en Teleantioquia, un canal de televisión que pertenecía a una región alejada de la ciudad en donde había nacido, pero que conocía muy bien, porque mi madre me había inculcado sus costumbres desde pequeña. Soy literalmente 50 % costeña y 50 % paisa.

Mis años en Medellín transformaron sutilmente mi acento y por supuesto cambiaron mi vida. Mis ganas de hablar frente a la cámara y mis intenciones de contar historias no las iba a entorpecer mi forma de hablar. Todo lo contrario. Saqué provecho de mis dos culturas y disfruté al máximo la oportunidad de estar al aire. Medellín fue todo para mí en los años de adolescencia. En ella aprendí a vivir, a trabajar, a valorar profundamente a mi familia y a convertirme en una mujer adulta.

Ahora, 30 años después, veo que mis orígenes me dieron unas herramientas para navegar en una ciudad como la Medellín de los noventa, con una feroz ola de violencia.

En los años noventa Medellín era el escenario de una guerra que protagonizaban los carteles del narcotráfico y sus estrategias terroristas. El sicariato se convirtió en una amenaza constante. Recuerdo que tratábamos de seguir la vida con normalidad, pese a los peligros que suponía la noche en la ciudad. Por ejemplo, hubo temporadas en las que todos los que salíamos de noche a rumbear, o simplemente nos movíamos por la ciudad después de ciertas horas, sabíamos que corríamos auténtico peligro. Era como echar una moneda al aire. Y lo hacíamos en contra de nuestros padres, porque era una especie de negación, de acción para resistirnos a perder la ciudad, a dejarla en manos de los malos. Éramos más los buenos tratando de vivir lo mejor posible en esas circunstancias y, aun con toda la inseguridad en contra, éramos felices. Medellín fue única e irrepetible y lo sigue siendo. La llevo por siempre en el corazón, desde mi época en el Colegio Alemán hasta los días más difíciles de la ciudad, durante los años de universidad.

Pero no puedo dejar de recordar las historias de conocidos y conocidas que perdieron la vida por estar en el sitio y la hora equivocadas.

Yo corrí con suerte en un par de ocasiones, que preferiría olvidar.

Los bares y discotecas que frecuentaba con mis amigos también eran visitados por quienes no tenían reparo alguno en sacar sus armas y asustar a quienes estábamos disfrutando, con tal de apoderarse de una mesa o, en el peor de los casos, de la novia de otro. Al menos eso era lo que se rumoraba a la mañana siguiente de esas noches, en las que presenciábamos escenas que parecían de película y que no tenían explicación.

De nuevo la muerte en mi vida, pero esta vez era en serio: rodeada de una generación que tuvo que vivir en pánico. A diferencia de Joselito Carnaval, los muertos de Medellín no volvían al año siguiente.

Todos fuimos testigos y dolientes de aquella época, pero, al mismo tiempo, fuimos una generación que no se rindió ante el terror, la injusticia y, sobre todo, el miedo que nos impusieron y que, sin duda, quedó instalado en nosotros para siempre.

En esos años mi vida pedía a gritos un cambio. Entonces decidí irme de Medellín. Irme de la ciudad respondía a mi anhelo y ambición por lograr lo que soñaba y alejarme del ambiente de la ciudad: quería trabajar en la televisión nacional y Bogotá era mi siguiente paso.

Mi mamá fue mi gran apoyo. Sin mirar atrás, cambié de ciudad. Cambié de vida, cambié de universidad, cambié mis amigos, literalmente cambié de canal.

Fue duro.

Siempre fue duro cambiar: de Barranquilla a Medellín, de Medellín a Bogotá, de Bogotá a Miami, de Miami a Madrid y de Madrid —de regreso— a Miami. Aquí sigo, por ahora, pero abierta al cambio y con mi acento barranquillero como sello personal.

En 1996 hubo más emoción que miedo. Mi intuición decía que Bogotá sería buena conmigo. Para ser honesta, sobrepasó mis expectativas profesionales y personales.

A un año de haber llegado, Bogotá me dio el trabajo que soñaba y me regaló a Alejandro.

***

Desde nuestros primeros años de matrimonio quedó establecida la dinámica de la pareja. La gente sabía que Alejandro y Marcela eran un cachaco y una costeña que se complementaban bien.

No era de puertas para afuera, lo era también en casa, en familia. Estoy segura de que eso fue precisamente lo que nos mantuvo unidos y nos permitió compartir nuestro amor por la radio, la televisión y el periodismo.

Recién casados nos aventuramos a trabajar juntos. Alejandro empezaba un nuevo magazín en la cadena básica de Caracol llamado *Qué está pasando*. Era en vivo, los sábados en la tarde. Sus compañeros de cabina eran Andrés Nieto, su hermano, y Humberto Rodríguez Calderón (El Gato), su gran amigo de batallas radiales, desde La Mega, en RCN.

Aunque yo no estaba inicialmente en el *dream team*, terminé siendo invitada por el director del programa, o sea Alejandro, a que los acompañara oficialmente como la voz femenina de la mesa. Acepté, sin medir las consecuencias.

Me enamoré perdidamente de las ondas hertzianas, de su inmediatez y autenticidad. Mientras El Gato, Andy y Alejo me rodearon con mucho respeto y profesionalismo, sin proponérmelo empecé una nueva etapa laboral en la que tenía mucho para aprender.

No puede haber tenido mejores maestros.

Aunque para algunos hubiera resultado agotador trabajar los fines de semana y convivir con la pareja las 24 horas del día, los 7 días de la semana, *Qué está pasando* fue una experiencia enriquecedora para Alejo y para mí.

Alternaba mi trabajo en la radio con el de la televisión, como directora de comunicaciones del Canal Caracol y como presentadora de *Día a Día*, el programa de la mañana.

Fue una época intensa que me exigía mucho esfuerzo personal y profesional. Tenía un matrimonio que cuidar y la ilusión de convertirme en mamá.

Fue demasiado. Ahora lo sé.

Después del dolor de haber perdido nuestro primer embarazo durante las primeras semanas, meses después llegaría la alegría nuevamente. Tuvimos a Paulina, la primera nieta para ambas familias y la mayor ilusión de papá y mamá.

Tuve muy corto tiempo de maternidad, porque acepté la propuesta del canal de regresar al aire antes de cumplir los tres meses de licencia.

¡Qué estúpida!

Pero hubo algunas condiciones. Por ejemplo, adecuaron un pequeño espacio al lado del estudio para que yo pudiera extraerme la leche y asignaron un conductor para que la llevara a casa. Así Paulina podía desayunar mientras yo estaba al aire.

El portero del edificio llamaba al apartamento y decía:

—Llegó la leche.

Y Candelaria, quien me ayudaba a cuidar Paulina, bajaba, la recibía y alimentaba a la bebé hasta que yo llegaba, horas después, a seguir amamantándola.

Sí, fui una estúpida.

Hoy día miro hacia atrás y me arrepiento. Salía de mi casa a las 4 de la madrugada, después de haber alimentado a Paulina, y regresaba al mediodía, agotada de estar al aire 4 horas, y a veces hasta 5, durante 5 días de la semana.

Fue un gran esfuerzo.

Mi deber y mi deseo era estar con Paulina en casa y, honestamente, no habría pasado nada si me hubiera negado a volver antes de terminar la licencia de maternidad. Era mi derecho, pero sentí presión por regresar. El programa estaba en un gran momento y sentí la necesidad de volver y cumplir con mis tareas, a costa de un precio muy alto para mi familia. Al final, logramos nivelar las cosas y continuar adelante con la crianza de Paulina en paralelo con mi trabajo. Me impuse una presión brutal por querer hacerlo todo bien, algo que de cierta manera aún me acompaña, pero que con el transcurso de los años se ha ido transformando en algo menos estricto.

Un tiempo después de mi regreso al estudio del canal Caracol, perdimos esa estabilidad por la que tanto nos habíamos esforzado. En el 2003 Alejandro se enfermó y terminó hospitalizado por una embolia pulmonar que lograron detectar a tiempo y que permitió un tratamiento que le salvó la vida.

Otra vez, la muerte se asomaba por la casa.

Alejo sufrió mucho. No me lo decía, pero yo podía verlo y sentirlo. Ya no solo era el miedo de morirse y dejarme a mí, sino también a Paulina, que todavía no estaba en capacidad de comprender lo que habíamos vivido.

La muerte. Siempre su sombra.

Pasaron algunos meses y ese mismo año mi voz empezó a fallar. Sentí molestias en la garganta. Pensé que el frío de la madrugada afectaba mi voz y empecé a evitar lugares ruidosos para no verme en la obligación de alzar el tono o esforzar mis cuerdas vocales.

La situación se me hizo insostenible y busqué a un especialista. Descubrieron unos nódulos en mi cuerda vocal derecha.

Hubo alivio por descubrir el origen de mi disfonía, pero al mismo tiempo sentimos miedo. Llevaba años de trabajo vocal y, evidentemente, estaba agotada. Terminé en el hospital con una cirugía y un tratamiento de recuperación que incluía terapia con la fonoaudióloga y reposo absoluto de la voz. Me asignaron un tablero con un marcador borrable para pedir y decir lo que necesitaba mientras me recuperaba.

Durante la primera visita de control, las cuerdas vocales habían sufrido una reacción posoperatoria y se inflamaron: no podía hablar, no me salía la voz y, en ese momento, en el consultorio del médico, tuve un ataque de pánico. Lo que sería cuestión de apenas un par de semanas se convirtió en dos meses de silencio. Un silencio que después de tantos años de trabajo en la televisión y la radio me generó mucha tristeza y desesperación.

Paulina era pequeña y no podía hablarle. Tenía 2 años. Todavía no podía leer, así que opté por pintarle símbolos, dibujos y letras, para poderme comunicar con ella.

Al cabo de unos días, la tristeza y el aislamiento se convirtieron en reflexión y meditación. Por primera vez en mucho tiempo tenía que guardar silencio. Un silencio impuesto. Un silencio obligatorio y necesario. Fueron semanas muy duras para mí.

¿Qué pasa si no puedo volver a la televisión o a la radio? ¿Y si no puedo volver a hablar? Era lo que me había dado una personalidad, una carrera, una vida.

Ahí estuvo Alejo, a mi lado. Cuidando de mí. Y salimos de ese año de prueba reforzados y convencidos de que habíamos superado lo peor, sin sospechar lo que la vida nos traería más adelante.

El verdadero dolor regresaría con un nombre elegido por ambos: Miguel.

Pero aún no es momento para hablar de él. Paciencia. Antes debo contar sobre la muerte de mi padre.

***

La Navidad de 2021 fue la última que viviría mi padre.

Las noticias apuntaban a que una "ola de covid" había regresado con intensidad y que era inevitable que muchos a nuestro alrededor se contagiarían de nuevo.

En Miami los casos empezaron a crecer durante las semanas que antecedieron la Navidad. Yo, que por primera vez me había contagiado en julio de 2020, nuevamente salí positiva y tuve que quedarme en casa por más de 4 semanas porque la prueba seguía indicando positiva y, aun sin síntomas, en esas condiciones no podía volver a trabajar a Univisión.

También se contagió Florencia.

Paulina, que había llegado desde St. Andrews (su universidad) a pasar la temporada de fin de año, tuvo mejor suerte y se encargó de cuidarnos.

En Colombia también se empezaron a presentar muchos casos.

Mi hermano Pablo y su familia en Medellín decidieron quedarse en casa. Mi madre decidió ir a la finca de su hermana y quedarse allí la temporada.

Mi padre, sin embargo, estaba algo nostálgico y, luego de la Nochebuena, tomó la decisión de viajar desde Barranquilla, donde vivía, y reunirse con mi hermano para pasar el fin de año juntos.

Fue un error. O no. Tal vez fue el destino. Quisiera pensar que tuvo la necesidad de buscar a Pablo por "una corazonada".

Los primeros días de enero de 2022 mi papá empezó a tener los primeros síntomas. El 6 de enero en la mañana, luego de una muy mala noche, en que la fiebre no le bajaba, tenía malestar general y mucha ansiedad. Era de esperarse por las secuelas de una pandemia que seguía acechándonos. Para qué negar que todos seguíamos con miedo, sobre todo los mayores de la familia, por la amenaza de contagiarse de covid.

Mi hermano se vio obligado a llamar a los servicios médicos. Llegaron e hicieron una primera revisión. Su recomendación fue llevarlo al hospital para laboratorios y diagnóstico. Las cosas no estaban bien.

En ese momento, fue cuando recibí la primera llamada.

—Hay que llevar al viejo al hospital. No te preocupes, está bien, pero tiene fiebre y quieren descartar una infección —me dijo Pablo.

No pude hablar con mi papá.

Recibí la segunda llamada en la que me alertaron que había dado positivo para covid y tenía una infección urinaria que iba a ser tratada inmediatamente, pero que había que dejarlo hospitalizado.

Nada de contacto físico ni visual con familiares. No pude hablar con él.

Yo, a miles de kilómetros de distancia. Mi hermano, sin poder hacer mucho más que esperar a que sonara el teléfono desde el hospital para luego llamarme a repetir al pie de la letra lo que le decían.

Empezar el 2022 de esa forma no estaba en nuestros planes. Pero ahí estábamos otra vez. Sin saber qué pasaría. La vida nuevamente nos ponía a prueba.

Años atrás mi padre había sufrido un infarto y tuvo que ser operado del corazón. Una cirugía que se complicó y, como resultado, causó un accidente cerebrovascular. Como consecuencia le quedó paralizado el lado izquierdo del cuerpo. Nunca pudo recuperarse completamente. Necesitaba bastón para caminar y la asistencia de una persona para supervisarlo y ayudarlo en sus actividades diarias. No pudo volver a conducir y eso lo hacía sentir "preso", según él.

No quiero imaginarme cómo se sentía en ese momento, otra vez en cama y sin poder moverse.

Ese enero la situación escaló muy rápidamente. Su estado de salud empeoró y tuvieron que ponerle un respirador externo para darle oxígeno. Según me cuentan, no lo sabía hasta entonces, es como un chorro de oxígeno que llega a ser desesperante para el paciente por su fuerza y presión permanente. Pero en el caso de mi padre era el paso anterior a intubarlo, algo a lo que él se había negado e incluso nos lo hizo saber desde el principio.

—No quiero que me intuben, porque de ahí no saldré —les dijo a mi hermano y a los médicos.

De nuevo sonó el teléfono, mi única conexión con la realidad. Otra llamada para ponerme al tanto de que era necesario lo del respirador. Discutimos la opción de intubarlo y finalmente tomamos la decisión de firmar un documento para evitar eso, aun en las más difíciles circunstancias.

El estado de ánimo de mi papá: abatido.

No lo culpo.

Qué tristeza. Qué soledad. Qué impotencia.

A esas alturas la situación de mi papá era una moneda al aire. Eso fue lo que sentí en ese momento. Aislado. Solo. Asustado. Las horas empezaron a convertirse en días de mucha zozobra.

Las noticias llegaban a cuentagotas y no eran muy esperanzadoras, hasta que un día, al cabo de dos o casi tres semanas de hospitalización, mi padre empezó a mostrar signos de recuperación. La noticia también me llegó por teléfono. Me recomendaron no viajar desde Miami hasta tener la certeza de que podía entrar al hospital a verle. De lo contrario no estaría aportando nada. Como era de esperarse, no permitían visitas a enfermos de covid. Mi papá seguía estando positivo para el virus.

Aun con su incipiente recuperación, había algo que estaba generando mucha preocupación en el pabellón del hospital donde se encontraba. Luego de días en la unidad de cuidados intensivos, con luz artificial las 24 horas del día durante varias semanas, mi papá empezó a desorientarse y a pedir que lo sacaran de allí de inmediato. Incluso, empezó a mostrarse algo agresivo por el encierro, por lo que mi hermano tuvo que intervenir con una conversación en persona para que se tranquilizara. Logró verlo y convencerlo de que pronto saldría.

No fue tarea fácil, por cierto, pero ver que ya estaba con ganas de salir de allí nos dio algo de tranquilidad.

De cuidados intensivos pasó a cuidados especiales. Solo Pablo estaba autorizado a entrar por algunas horas a acompañarlo. Nadie más. Recuerdo que desde allí me hicieron una videollamada para poder hablarle y darle ánimos. Otra vez el teléfono. Bendito sea porque al menos pude verlo en cámara. Estaba serio, algo molesto, porque quería salir del hospital y estaba convencido de que nosotros teníamos la potestad para sacarlo.

Un par de días después, la última prueba dio negativa. Mi padre estaba libre de covid y hubo cierto alivio. Aunque todos celebramos que estaba saliendo adelante de algunas crisis derivadas del covid, los doctores recomendaron que en el momento que le dieran de alta, debía salir con oxígeno, una enfermera y entrar a terapia física para recuperar la movilidad. Empezaba entonces una dura etapa de recuperación al regresar a su casa.

La mañana siguiente sus signos vitales dieron un giro drástico. Mi hermano recibió una llamada más, la última.

Le sugirieron llegar cuanto antes. Lo hizo y encontró mal al viejo. No había respondido a los intentos de reanimación y su pulso era prácticamente imperceptible. Mi padre ya no estaba.

Pablo me llamó. Una videollamada para ser más precisa. La más triste que podía haber imaginado.

Al igual que a millones de personas que alrededor del mundo se vieron obligadas a despedirse de sus seres queridos a través de la pantalla del teléfono, a mí me tocó hacerlo con mi padre.

Mi despedida fue a distancia. Una imagen que por supuesto nunca olvidaré y en la que le dije lo mucho que lo quería y que estaríamos bien. Que descansara en paz.

Al otro lado del teléfono sentí la tristeza de mi hermano. Ahora la pantalla solo mostraba una imagen que no lograba descifrar. Hubo silencio por parte de ambos y solo alcancé a decirle:

—Llego esta noche. Te aviso en cuál vuelo.

Esa noche llegué, pero no pude ver a mi papá. El tema del covid complicó todo. No pude despedirme en persona porque entró a cremación más rápido de lo esperado. Su funeral, o al menos una primera misa de despedida, fue al día siguiente.

Nos entregaron las cenizas y nuestra responsabilidad como hijos era trasladarlas a Barranquilla, para que su familia tuviera la oportunidad de asistir a otra ceremonia y dejarlo allí, en la ciudad que le vio nacer y que él tanto quiso.

Con la caja de las cenizas en un bolso de mano, al día siguiente viajamos a Barranquilla. Yo fui la encargada de llevarlas en mis piernas. Parece una locura cuando lo recuerdo, pero así es la muerte. Nos recuerda que al irnos quedamos reducidos a muy poco.

Fue un vuelo de muchos recuerdos de mi infancia. De mi niñez, de anécdotas, de lágrimas. Pero también de risas. Solo Pablo y yo sabíamos lo que llevábamos en ese bolso: a nuestro padre.

Ya no éramos parte de su vida, pero él no dejaría de ser parte de la nuestra. No había más remedio que abrirle la puerta al duelo. Otro más para mí después de haber perdido a Miguel, mi hijo, a Alejandro, mi esposo, y ahora a Ramón, mi papá.

Un par de días después de nuestra llegada a Barranquilla, fui la encargada de esparcir sus cenizas ante la mirada de Pablo y de María Carolina y Sofía, también hijas de mi padre de su segunda relación que, al igual que la de mi madre, también fracasó. Sin embargo, pese a ello, a los cuatro nos correspondía hacerlo y darle un último adiós juntos.

Decidimos volver a donde todo había comenzado. El lugar elegido fue al que solíamos ir cuando Pablo y yo éramos niños cada domingo y en el que, estoy segura, a Ramón le hubiera gustado quedarse para siempre, en el mar Caribe.

5

En piloto automático

Enfrentarse a la viudez tiene algo particular. En mi caso, por ser un personaje público, por algunos años me vi obligada a contar mi historia personal cada vez que socializaba o me enfrentaba a un grupo o a una persona nueva. Yo creía que la gente que estaba a mi alrededor sentía un interés genuino por saber qué había pasado con Alejandro. La trayectoria de mi esposo en la radio desde tan joven lo había convertido en un personaje que muchos sentían cercano. Al principio por su voz y porque fue un reconocido DJ en una época donde la radio juvenil marcaba la vida de muchas generaciones; luego por su exitosa carrera periodística y corporativa en medios de comunicación. En fin, las personas lo recordaban porque Alejo, al igual que su padre Julio Nieto Bernal y su hermano Andrés Nieto Molina, hace parte de la historia de la radio en Colombia.

Era obvio que, al verme, la gente lo recordara. Siempre lo tomé con bastante serenidad y, sobre todo, con mucho cariño. Yo no era la única que estaba viviendo el duelo. Sus amigos, allegados, colegas e, incluso, quienes no lo conocieron en persona, pero sí a través de su voz, también vivieron un duelo.

Eso tiene el duelo: cuando el muerto no es propio, nos une, genera una empatía casi involuntaria, una identificación. Nos recuerda que somos mortales.

Brota inmediatamente un respeto por quienes lo tienen que vivir en primera persona: "Pobre esposa", "pobres hijas", "era tan joven", etc. Es ahí cuando llega la compasión, un sentimiento algo esquivo, excepto cuando se trata de un duelo.

Luego aparece la reflexión por lo vulnerable e injusta que es la vida. Finalmente surge el agradecimiento y el alivio de que no ha sido a ellos a quienes les toca enfrentar la situación.

Ese fresquito del que nadie habla: "Ufff, gracias a Dios no fui yo". Hay quienes se persignan y tocan madera.

El proceso se repite una y otra vez hasta que nos toca en carne propia, hasta que se nos muere alguien que amamos y, en ese momento, cambia la dinámica y, peor aún, cambia la vida para siempre.

De tanto repetir mi historia en privado durante algunos años, fui cambiando mi percepción de ella. Del rechazo y la negación poco a poco fui abrazando mi relato con tanta fuerza que se convirtió en lo único real que tenía y que sigo teniendo: mi historia.

Comprendí a regañadientes y a punta de golpes a mi almohada, a la pared de la ducha o al timón del carro, que lo sucedido es mío y de nadie más. Aunque no hubiera querido vivirlo, de esa situación no podía salvarme. Llegaría tarde o temprano.

A veces me pregunto qué sería de mí si no me hubiera pasado lo que me pasó. ¿Qué sería de mi vida y la de mis hijas si Alejandro no estuviera muerto?

Esa pregunta, y su respuesta, se ha ido desvaneciendo con el paso del tiempo. Al principio la repetía sin descanso en mi mente. Era como soñar despierta. Pero después de algunos minutos de armarme una película, con llorada incluida, por lo que no pudo ser, regresaba a la vida real para confirmar que seguía viva y que tenía una vida por vivir. Me decía: "Mas vale seguir con entusiasmo y determinación, porque de lo contrario será un infierno". Hoy estoy convencida de que mi voluntad es la fuerza de Dios. Ha estado a mi lado de diferentes formas y con todo tipo de experiencias, recordándome su presencia en mis peores momentos.

Igual, atravesé un infierno.

Dolía mucho: el cuerpo, el alma, el pecho. Todo dolía. Hoy, todo duele cuando se asoman los momentos que me llevan a los inevitables recuerdos, pero darles un giro a esos instantes es una técnica que he aprendido a través de los años. Es la lección más grande de mi vida.

En mis innumerables conversaciones con amigos y conocidos encontraba cierto alivio en el alma. Desde el primer momento sentí que era importante hablar sobre lo que sentía. Hacerlo con amor y respeto por los que se fueron, pero reconociendo el dolor que me dejaron. Concluí que eso me ayudaba a seguir el camino con dignidad. Ahora lo entiendo: es también una forma de demostrar aceptación, aunque en el fondo no la haya.

Entendí que contar mi historia me hace sentir que soy dueña del momento, de mis recuerdos, de mis penas y alegrías, de mis expectativas. Me recuerda quién soy y dónde estoy parada. Me da la certeza de que tengo algo: el momento que estoy viviendo me pertenece, los recuerdos son míos, el dolor me acompaña unas capas de piel más abajo y siempre tendrá un lugar que me recuerde por qué las alegrías y los momentos de felicidad se viven y se atesoran con mucha intensidad.

También empecé a sentir que hablar con amor de nuestros seres queridos cuando ya no están, además les da la oportunidad de asomarse a las conversaciones, de sonreír y abrazarnos con su serenidad "del más allá".

***

Inmediatamente después de la muerte de Alejandro no quise aislarme. Todo lo contrario. Quise llevar la vida con cierta normalidad, especialmente para apoyar a nuestras hijas y evitar que se les desbaratara todavía más la vida. Sin embargo, detrás de esa normalidad yo estaba contenida y evitaba que salieran mis emociones.

Prefería cambiar mis lágrimas y lamentos por acciones que nos ayudaran a reorganizar lo que se venía por delante: una mudanza a otro continente y, luego de algunos años fuera de la televisión, el inminente regreso a los medios de comunicación, de tiempo completo.

Esto amerita una breve explicación. Hasta ese momento en España solo había podido hacer colaboraciones esporádicas con algunos medios por el conflicto de intereses que generaba el hecho de ser la esposa de Alejandro. Su papel como director general de la Cadena Ser, y el momento que atravesaba la compañía, significaba que yo debía hacer un manejo prudente a nivel mediático y profesional. Corrían tiempos de muchos cambios y reestructuraciones en la cadena y mi presencia en ella podría haber sido contraproducente para él.

Seguimos las reglas del juego y, durante mis años en Madrid, solté el acelerador de mi carrera y me concentré en mi familia.

Hoy miro atrás y veo que la vida me dio la oportunidad de compartir 100 % con ellos. Los cuatro fuimos inmensamente felices en España y siempre llevaré ese país y su gente en mi corazón. En algún lugar leí que uno no extraña los lugares, sino el tiempo en el que fue feliz.

***

Quedar viuda después de 20 años de matrimonio suponía unos retos complicados, no solo a nivel emocional. Ahora tenía que ponerme al frente de todo: retomar el mundo laboral, educar a las niñas, guiar la casa, reconstruir la familia, arreglar la mudanza, pagar colegios y eso sin entrar en más detalles que trae el día a día.

Yo incluso decía, ahora lo recuerdo con asombro, que no me podía dar el lujo de sentarme a sufrir cuando tenía tantas responsabilidades y asuntos que atender. Sin darme cuenta, había armado en el comedor de mi casa una "torre de control" con antenas en los tres países a los que pertenecíamos: Colombia, España y Estados Unidos.

Tenía que resolver cosas legales en Colombia, mientras abría un nuevo capítulo en el regreso a Estados Unidos y cerraba otro más en España.

Fue abrumador. Si me piden que cuente como lo hice, honestamente no sabría hacerlo.

Solo recuerdo que mis amigas en Madrid y Miami armaron filas para cuidar de mí y mis niñas. Su apoyo fue vital. Encendí un piloto automático y empecé a vivir en modo "avanza sin mirar atrás".

Era tanto lo que tenía que hacer que hasta para llorar tenía horario: generalmente de noche y con la luz apagada. Lloraba recordando lo que estaba en el pasado, pero seguía adelante porque era más fuerte mi determinación de continuar.

Lo hice así por años.

***

Llegamos a Miami en julio de 2016 luego de una mudanza que, aunque hice todo lo posible para que fuera serena y conveniente, guardaba mucho dolor para nosotras tres.

Un verano para olvidar pero que nos permitió llegar a casa de “Los Alcobe”, una familia generosa que nos recibió con los brazos abiertos para escampar de la tormenta.

Empecé a trabajar en Univisión. Luego del funeral de Alejandro en Miami, Isaac Lee, ejecutivo de la compañía y Daniel Coronell, presidente de noticias, y quienes habían sido claves en el fichaje de Alejandro meses antes, me hicieron una propuesta que acepté de inmediato: volver a la televisión. La oferta consistía en que hiciera parte de su exitoso programa de las mañanas: *Despierta América*, para continuar mi carrera como periodista y presentadora.

Esa era una franja horaria que conocía muy bien por mi experiencia en la televisión colombiana durante tantos años.

Luz María Doria, productora ejecutiva de *Despierta América*, me invitó a colaborar como panelista en un segmento del programa. Era una buena manera de empezar en Estados Unidos y de volver a estar frente a la cámara.

También acepté regresar a la radio con Caracol Radio Miami, que pertenecía en aquel entonces al Grupo Prisa. Entré a un *show* llamado *Pasa la tarde*, para hacer equipo con Mario Andrés Moreno, un periodista colombiano con años de experiencia en medios de la ciudad.

Entonces mi aterrizaje en Miami estuvo cargado de mucho trabajo y muchas responsabilidades que me exigieron estar en modo alerta, informada, activa, ocupada y sin un minuto para elaborar mi duelo y hacerme cargo de mí. Solo quise que ese momento estuviera cargado de agradecimiento hacia todos lo que me tendieron la mano. Dar gracias es un ejercicio diario en mi vida.

Solo dejé espacio para mi trabajo, mis hijas y sus necesidades emocionales y económicas.

Sí, le puse una mordaza a mi duelo.

Fueron años duros, para qué negarlo. Los recuerdo con nostalgia e incredulidad. Fui como otra Marcela. Me mantenía en un estado de supervivencia que, por momentos, desconocía.

***

Aunque estaba muy agradecida por lo que me pasaba, fue un aterrizaje muy duro. Miraba las cámaras y las luces en el estudio y me alegraba de estar en la televisión nacional en Estados Unidos, en el programa en español más visto de las mañanas. Sin embargo, me sentía asustada, fuera de lugar en un entorno desconocido: Univisión no era Colombia, mis nuevos compañeros de trabajo no sabían de mí ni de mi recorrido en medios. Asumo que para ellos era la viuda del presidente de Univisión Radio, que había muerto intempestivamente meses antes. Quiero pensar que todos suponían lo que tenía por dentro y lo difícil que estaba siendo para mí, pero yo hacía un gran esfuerzo por no dejar que lo vieran, porque honestamente no nos conocíamos. Apenas empezábamos una relación profesional que fue creciendo con los años. Pero esa distancia inicial, muy probablemente, fue producto de la necesidad de proteger mi intimidad, mi vulnerabilidad. Quizás también porque no tenían confianza conmigo para tocar un tema tan íntimo. Ahora que lo pienso, su silencio fue una combinación entre la coraza que puse y el respeto que genera una persona que atraviesa un duelo.

Aunque todos los días hablaba en las mañanas en la televisión y en las tardes en la radio, sentía que por dentro daba gritos que nadie podía oír. Muy pocos intentaron acercarse para hablar de lo que realmente estaba viviendo. Y es comprensible, yo hice hasta lo inimaginable por contenerme y permanecer de pie. No hubo otra opción. Debía seguir adelante hasta que pasara la tormenta detrás de cámaras y fuera del aire.

Por eso cada mañana me sobreponía y no dejaba que el dolor se colara en mi cotidianidad. Evité por completo hablar de él públicamente.

Otra mordaza.

Pero en el fondo sabía que, en algún momento, tendría que dejar salir todo y hablarlo con libertad. Me tomó tiempo hacerlo. Sabía que no podía permanecer como si nada hubiera pasado, como si las cosas se hubieran quedado en el olvido.

Además, era importante para mí que se recordara el lugar de Alejandro. Era fundamental que su persona fuera relevante, tanto en lo familiar como en lo profesional.

Es doloroso que las personas terminen en el olvido.

Sí, había un legado por cuidar y yo sentía que era mi deber cuidarlo. Debía hacerlo por su legado, por mí y por nuestras hijas.

***

En casa sentía el deber de no dejar morir el recuerdo de Alejandro para que Paulina y Florencia lo tuvieran presente más que nunca. Aunque no estuviera con nosotras, ellas tenían un papá.

Fue una de las cosas que me propuse cumplir como algo importante en su educación, ahora que quedaba todo bajo mi responsabilidad. Cada día, a través de los recuerdos, anécdotas, comida, canciones que sonaban en la radio, libros, películas y lecciones de vida, les recordaba los gustos de su papá. Quería que tuvieran una referencia histórica y emocional de él. Por nada del mundo iba a permitir que olvidaran lo importante que él había sido y seguiría siendo para ellas.

Por supuesto, este ejercicio me ponía nostálgica, intensa y repetitiva, hasta el punto de que ellas se miraban y buscaban consuelo la una en la otra. Incluso se reían y me hacían reír de las cosas que yo decía. Era común escucharlas decir: "mamá, no hay necesidad de tantas lecciones diarias", "mamá, ya sabemos que a papá le encantaba esta canción", "sí, le encantaban las lentejas. A nosotras también, tranquila". Y nos reíamos.

Tenían toda la razón.

Hoy miro hacia atrás y veo que, en ese entonces, mi único objetivo era que el barco siguiera navegando en aguas tranquilas, por lo menos en la superficie.

Lo logré.

6

El poder de tu historia

Durante los años que siguieron a mi llegada a Miami y a Univisión, tuve la oportunidad de conocer a muchos personajes de la industria del entretenimiento. Dentro de mis responsabilidades estaba producir entrevistas, hacerlas, escribir los reportajes, presentar mis segmentos e invitados en el estudio. Empecé tímidamente, familiarizándome con el equipo y el público a través de un pequeño segmento en este programa que se transmite a diario durante cuatro horas.

Hasta ese momento había sido presentadora tanto en radio como en televisión, así que mis nuevas asignaciones como reportera y productora eran algo diferente y en lo que, sin duda, tenía que empezar a aprender a mirar hacia el futuro si quería sobrevivir en los medios latinos. Ser reportera y productora de mis propios segmentos fue la forma de dominar mi ejercicio profesional y empezar a ganar seguridad a nivel personal.

Era un ambiente diferente al de la televisión en Colombia por la cantidad de personajes a los que tenía acceso en una ciudad como Miami, que empezaba a crecer mucho en la industria de la música y el entretenimiento. Traía en mi agenda contactos de amigos, conocidos, colegas y compañeros de oficio en medios audiovisuales y escritos a los que llamé, busqué y pedí ayuda cuando fue necesario.

Empezaba prácticamente de cero en una ciudad y un círculo profesional inmediato al que no conocía, pero mi experiencia me daba una sólida base profesional.

En medio del duelo, ese era otro reto. Y para ser honesta, mi energía daba para poco. Aunque no había ilusión por el futuro, sabía que era la única forma de sobrevivir y conservar mi trabajo.

Aparte de mis asignaciones en Miami, dependiendo de la historia viajaba, y lo sigo haciendo, a entrevistar personajes a ciudades como Nueva York, Ciudad de México, Bogotá, Londres o Madrid. Era el privilegio de ser reportera. Eso hizo que se desvanecieran mis dudas y confirmó de lo que era capaz. Ni qué decir de los nuevos nombres que engordaron mi agenda de contactos. En esta industria, los contactos son un gran capital y, para mí, un patrimonio de mis tantos años buscando personajes alrededor del mundo. Mis amigos de siempre estuvieron ahí y su apoyo fue una forma de abrazarme.

Aunque tenía a cargo asignaciones con cantantes, actrices y personajes públicos, mis entrevistas también se fueron enfocando hacia profesionales, especialmente mujeres hispanas que habían logrado tener éxito en Estados Unidos. Qué sorpresa fue descubrir el mundo de las mujeres latinas abriéndose camino en ese país. Un tema que desconocía y que resultó estar lleno de personas con anécdotas e historias únicas, en la mayoría de los casos.

A través de mis entrevistas y conversaciones fui aprendiendo mucho acerca de lo que cada una de las entrevistadas había tenido que sortear para llegar hasta el lugar donde estaba. No estoy hablando de un par de entrevistas, estoy hablando de decenas de emprendedoras, empresarias, ejecutivas, conferencistas y autoras, con las que durante mis años en *Despierta América* he tenido la oportunidad de conversar al aire y detrás de cámaras.

Mi curiosidad me llevaba siempre a preguntar sobre detalles de su vida que resultaron admirables e incluso me emocionaron. Eso me daba la motivación para contar su historia profesional desde una perspectiva personal y cercana. Quienes me conocen saben que eso siempre me ha gustado: contar las historias de los demás con lujo de detalles para hacerlas más entretenidas e interesantes.

Se convirtió en una tarea personal casi diaria y empecé a descubrir que tenía la capacidad para acercarme a esas mujeres, abrir su corazón y que me confiaran sus momentos vitales, esos en los que la vida les dio un giro y no volvieron a ser las mismas otra vez. Todas o casi todas habían sufrido alguna circunstancia que disparó la idea que cambió sus vidas y las de sus familias. No eran emprendedoras que solo habían logrado el éxito financiero, sino que detrás de la prosperidad y reconocimiento de los que ahora gozaban había una historia personal difícil y extraordinaria.

A medida que hacía las entrevistas, empecé a ponerme en el papel de mi entrevistada. Pensaba en cómo sería mi respuesta si fuera yo la que estuviera del otro lado del micrófono.

Empecé a darme cuenta de que lo vivido me permitía comprender lo que algunas de ellas habían sentido en algún momento de su vida. Unas cuantas habían enfrentado duelos, pérdidas y fracasos profesionales antes de llegar al éxito.

Me dediqué a coleccionar historias ajenas, historias que escribí y narré con mi voz y, sobre todo, con mis emociones.

A todas les pedí fotos, videos y recuerdos del pasado porque a través de ellos pude armar el rompecabezas de su vida, contar su historia personal y profesional, y darle al público una forma de identificarse con cada una de ellas. Empecé a crear un concepto y un sello personal para mi trabajo, algo que parece sencillo a simple vista pero que tiene un valor intangible e intransferible.

Para mi sorpresa, los gestos de agradecimiento de las protagonistas de estas historias fueron muy especiales. Sus mensajes, sus llamadas e incluso los ramos de flores que recibí de muchas de ellas fueron un bálsamo, pero sobre todo una reivindicación para ellas y para mí como mujer y profesional.

Todo empezaba a tener sentido. Sus experiencias y mi interés por contarlas me llevaron a crear una conferencia llamada "El poder de tu historia", que tuve la oportunidad de presentar con un grupo de mujeres emprendedoras en Nueva York. En esta demostraba cuán valiosa es nuestra historia personal y cómo aprender a contarla para que lograran conectar con su público y sus potenciales clientes.

Con mi trabajo yo, en el fondo, buscaba una manera de buscarle un sentido a mi vida y, al mismo tiempo, tenía esa necesidad de honrar a Alejandro porque, al fin y al cabo, estaba en Univisión por él, por una inesperada jugada del destino. Al irse, Alejandro abrió la posibilidad de mi regreso a los medios.

Esos pasillos que yo empecé deambulando y que luego seguí recorriendo con paso más firme estaban inicialmente diseñados para él, su carrera y para su sueño de llegar al mercado hispano en Estados Unidos, como presidente de Univisión Radio.

Fue a mí a la que le tocó empezar una carrera en Estados Unidos y continuar con otros sueños: los míos.

Quienes serían sus colegas en Univisión, terminaron siendo los míos. Quienes lo conocieron y acompañaron durante sus pocos días de trabajo en la compañía les tocó verme llegar meses después a *Despierta América.*

Mi deber era trabajar. Trabajar es la forma de salvación más maravillosa jamás inventada para combatir las oleadas del duelo. Hay que hacer algo y seguir con la ilusión de hacer algo cada día. Pocas eran las ganas de levantarme de la cama, pero tocaba.

Al fin y al cabo, ese había sido siempre mi ambiente desde la universidad. Las luces, las cámaras, los micrófonos, los estudios de televisión y de radio.

Luego de algunos años en pausa por acompañar a mi esposo a hacer realidad lo que él había soñado, fue él quien precisamente me devolvió a ese lugar después de su muerte. Suena irónico. En eso pienso todos los días de mi vida.

Tras bambalinas, en *Despierta América* se vive un universo de cosas que darían contenido no solo para un libro sino para una enciclopedia. Después de 28 años como el programa número 1 de la televisión hispana en las mañanas, lo que no te encuentras allí no te lo encuentras en ninguna parte. Son muchas horas de trabajo de un equipo que debe producir segmentos, entrevistas, artistas invitados, musicales, traductores y colaboradores de todos los temas que hacen parte del canal o vienen de visita al estudio. "La casa más feliz de la televisión hispana" me abrió sus puertas en el peor momento de mi vida, y la familia que allí vivía recibió a una nueva integrante dispuesta a trabajar para quedarse.

Una mañana, a finales de 2021, me encontré en camerinos con Jossette Rivera, una periodista mexicana que trabajaba en el área digital de Univisión y a quien años atrás había conocido en el estadio de los Marlins. No lo recordaba con exactitud, pero incluso había sido Alejandro quien en aquel entonces me la había presentado. Fue ella quien recordó los detalles de aquella tarde de béisbol que compartimos en una de las suites del estadio.

Jossette me contó sobre su vida. Se había casado y hacía un par de años había perdido a su esposo a causa del cáncer. Mi asombro fue total. Nos abrazamos. Y aun en medio del ruido de la gente que entraba y salía del estudio, hubo un momento de silencio, mutuo.

Una viuda con un hijo pequeño era una realidad que conocía perfectamente o, al menos, algo parecido había vivido en carne propia.

Yo le llevaba algunos años de "ventaja" de duelo y eso nos permitía hablar de lo que ella estaba viviendo. A veces era tan parecida nuestra realidad que, al recordarla, nos "reíamos para no llorar".

El duelo requiere de ese trabajo diario. No solo el de la resiliencia y el manejo social sino el de tener sentido del humor. No se pueden perder las ganas de reír. Nunca. Hay que darse el permiso de vivir todas las emociones.

El día que no le imprimes eso a la rutina de la vida, es posible que te atropelle el desánimo y la frustración.

Aprendes a vivir con el amor de quien se fue, pero sin esa persona para compartirlo.

***

Hacia algunos años traía conmigo pensamientos e inquietudes sobre mi carrera profesional, pero sobre todo las ganas de llevar a cabo un proyecto sobre el duelo. Ese era un tema con el que lidiaba a diario y al que inevitablemente volvía una y otra vez.

Desde mi lectura de *La ridícula idea de no volver a verte*, sentí la necesidad de ver mi experiencia con otros ojos, escribir sobre ella bajo mis propios términos. No quería un drama porque, de suyo, ya lo era, pero tampoco pretendía actuar como si nada hubiera pasado.

Había estado contenida por mucho tiempo.

Tuve espacios que me permitieron vivir el duelo en completa libertad. Hubo personas que lo vivieron conmigo. Amigos que fueron pacientes y compasivos. Conocidos que fueron respetuosos.

Creí y lo sigo haciendo, que mi lugar de trabajo y mi faceta profesional no eran el espacio donde se descargaba el dolor. Al menos no lo permití en aquel momento cuando todo acababa de suceder.

Pasados algunos años ese concepto fue dando la vuelta. Aunque nunca he abierto por completo la puerta de mi vida privada, he sido lo más honesta posible a la hora de hablar sobre mi vida y la de mis hijas.

Lejos de haberme convertido en una mujer triste o desconsolada, como aparecieron algunas informaciones *online*, yo había logrado rehacer mi vida junto a mis hijas.

Tal vez por esa razón quise volver la mirada a quienes durante esos años me habían acompañado con respeto y cariño en mi duelo.

Desde la muerte de nuestro hijo Miguel, hasta pasados los años de la de Alejandro, ha sido imposible querer escapar de ambas historias. No se van. Están conmigo en un lugar de mi corazón en el que las he tenido que ubicar para poder continuar mi camino.

Ahora lo veo con más serenidad y gracias a eso tuve la inquietud de contarles a los demás cómo estaba en realidad, cómo había cambiado mi vida desde la última vez que me vieron en algún programa de televisión, en alguna revista o medio digital.

No tuve suerte con mis primeros acercamientos para profundizar y trabajar con algunos profesionales que entendieran mis intenciones de analizar y darle forma a un proyecto sobre el duelo. Sin embargo, estaba segura de que no sería imposible.

En una de nuestras conversaciones en alguno de los pasillos de Univisión, le comenté a Jossette sobre mi idea de un proyecto que incluyera mi experiencia con el duelo.

Le dije además que buscaba una productora que quisiera trabajar y que además lo pondría en marcha inmediatamente.

Jossette me llevó a Leonor Suárez, una productora, quien había trabajado varios años para Univisión y ahora trabajaba de forma independiente.

La primera reunión con Leonor empezó con unas hojas en blanco y mucha curiosidad de ambas por saber cómo íbamos a encajar profesionalmente. A Leo le conté mi historia. Ahí estaba otra vez yo contando lo mismo, como quien recita un poema.

Era obvio que ella necesitaba entender la situación. Hubo mucho respeto y empatía.

La conversación se alargó por algunas horas. Después de muchos apuntes, notas, tareas asignadas y la promesa de una segunda reunión, empezó lo que considero el inicio de un nuevo capítulo profesional.

Por primera vez en años me permití soñar con un proyecto personal. Me permití tener una ilusión. Estuve dispuesta a hablar con detalles sobre mi vida, sobre Alejandro, sobre mi viudez, el duelo, mis hijas y a buscar la forma de producir algo al respecto.

Todo fue tomando forma. Las piezas empezaron a encajar y, a punta de retazos que no deseché, empecé a armar una buena idea.

La compañía de comunicaciones y producción que había creado a mi llegada a Estados Unidos en el 2016, y a la que había llamado Nosotras3, como una forma de reivindicar a Paulina a Florencia y a mí, iba encontrando su verdadera razón de ser.

Después de varios años sin proyecto alguno, Nosotras3 había descubierto la fuerza para el primero de ellos: un pódcast.

El término no era nada desconocido para mí porque aparte de oír y seguir a personajes que ya tenían y producían sus contenidos en este formato, Alejandro hablaba de lo que prometía el pódcast como nueva forma de hacer "radio por demanda" para hispanohablantes.

Así como ya sucedía con la televisión y las series, Alejo me contó que estos archivos de audio, al igual que ya sucedía en el mercado anglo, tendrían un auge y había que estar listos para producirlos en plataformas de contenido en español.

Para aquel entonces, 2015, no había explotado el fenómeno como actualmente lo conocemos. No le tocó verlo. No le tocó vivirlo y mucho menos imaginarse que través de un pódcast su esposa contaría una historia en la que él era el protagonista.

Presenté el proyecto a Univisión Radio. Sí, al mismo lugar donde años atrás Alejandro llegó a dirigir, sin lograrlo, porque a los pocos días de su nombramiento murió con muchos planes entre manos.

Me envalentoné y salí con mi proyecto bajo el brazo para proponer un pódcast dedicado al duelo. Llegué a la oficina de quien estaba ahora a cargo de los nuevos proyectos de la radio.

La vida da muchas vueltas y ese día lo pude comprobar. Luego de esa primera reunión en la que, para mi sorpresa, tuve que identificarme como la viuda de Alejandro, por desconocimiento de mi interlocutor, me recomendaron hablar con otro ejecutivo encargado de contenidos. Días después presenté, con mucha ilusión, nuevamente mi idea y concepto.

El pódcast abordaba el tema a partir de conversaciones con personajes reconocidos que pudieran contarnos en primera persona cómo habían vivido la muerte de un ser querido.

Yo sería la conductora central de las entrevistas. En cada una pondría sobre la mesa mi experiencia personal para preguntar sobre algo tan duro y difícil como la muerte, el dolor y el amor que nos queda cuando alguien se va.

Nunca en mi vida me había sentido tan segura de querer hacer algo. En el fondo lo que yo soñaba era acercarme a la inmensa comunidad que vive el duelo. Lo quería hacer a través de mi propia historia.

Todos, sin excepción, viviremos el duelo alguna vez en la vida y tiene una particularidad: es el sentimiento del que nadie podrá escapar nunca. El duelo nos sucede a todos. A veces lo vivimos anticipadamente, por ejemplo, ante la enfermedad; otras veces nos sorprende de tal forma que no nos permite ni reaccionar, pero en ambos casos nos tomará tiempo y vida poder aceptarlo.

Mi ilusión también era hacerle un homenaje a Alejandro. No pude hacerlo durante su funeral porque me quedé muda. Me quedé en blanco (o ya no recuerdo si era en negro), pero no tuve ni la fuerza ni la capacidad de dar un discurso ni leer unas palabras. Lo siento. Me arrepiento. Eso ha sido algo que hubiera querido cambiar, pero el "hubiera" no existe.

Entonces decidí hacer un homenaje a través de las ondas, a través de mi voz que a él tanto le gustaba, y producirlo con las lecciones de radio que durante nuestro matrimonio me había enseñado. Esa era una motivación muy grande detrás de este proyecto. Lo presenté como un trabajo de autor: personal, íntimo e intransferible.

No fue fácil darle un título.

Una tarde en una de nuestras reuniones creativas en mi casa, Leonor, Jossette y yo estábamos trabajando en el contenido, estructura y personajes que harían parte de los episodios. Barajamos muchos nombres, pero siempre con la prerrogativa de que Rosa Montero sería quien abriría la temporada con el episodio número uno. Ella y su libro *bestseller*, *La ridícula idea de no volver a verte*, eran una gran inspiración para mí.

Escuchábamos música y soltábamos al aire y en voz alta nombres, títulos, frases, poemas y todo lo que nos encendiera una chispa de felicidad.

Yo empecé a poner música a todo volumen. Buscaba listas de diferentes artistas. Y coreábamos, cantábamos a todo pulmón y recordábamos buenos y malos momentos de la vida.

Durante mi búsqueda en el teléfono móvil llegué a un artista que significaba mucho para Alejandro y para mí cuando fuimos novios y luego en nuestro matrimonio: Fito Páez.

Solo bastaron un par de acordes de su mítica canción *El amor después del amor* y, como si fuera un himno, empezamos a cantar.

El amor después
del amor tal vez
se parezca a ese rayo de sol...[1]

Me acerqué al altavoz para darle toda la potencia y empecé a gritar:

—¡Este es!, ¡este es!, ¡este es! Este es el nombre del pódcast.

---

1 Páez, Fito. *El amor después del amor*. 1992. Warner Music.

Después del amor. ¿Qué pasa después del amor? ¿Qué le pasa la gente cuando pierde el amor? ¿Qué viene después de amar? Leo y Jossette hacían preguntas en voz alta y seguimos cantando con fuerza.

En un momento indescriptible, ese día nació *Después del amor.*

Aun con todas esas emociones y toda mi determinación por sacar adelante el pódcast, se vinieron abajo mis ilusiones.

No fue posible seguir adelante con el proyecto porque hubo sugerencias sobre cambiar la idea original que había planteado e incluso el nombre también recibió insinuación de cambio. Por supuesto escuché con atención, como una obligación profesional, lo que me planteaban para seguir adelante con la idea.

Guardé silencio, con evidente desconcierto.

Luego intenté vender mi idea con algo más de insistencia, pero rápidamente mi corazón dijo: "Aquí no es. Esto no es lo que yo sueño. Esta no es la idea con la que quiero hacer una declaración sobre el duelo, sobre mi viudez y lo que vivimos quienes hemos perdido a las personas que amamos".

Salí de la reunión virtual, en la que presenté el proyecto, con mucha frustración. Con tristeza. Me sentí como cuando eres niño y se te explota el globo en la mitad de la fiesta. Sí, en mi caso también hubo lágrimas.

Me quedé un buen rato frente a la pantalla del computador. Vacía. La pantalla y yo.

Había invertido capital emocional y financiero para sacar adelante *Después del amor*. No calculé que esto me podía pasar. Craso error.

O no. Tal vez fue lo mejor que me pudo pasar en ese momento.

A través del *group chat* les pedí a Leo y Jossette que se conectaran inmediatamente para una reunión de emergencia. En la pantalla mi cara lo dijo todo.

Ahí estaba yo, la líder del proyecto, decepcionada, pero sin perder por un segundo la convicción de que *Después del amor* merecía ser producido bajo mis términos y respetando su idea original: el duelo, la ausencia, pero sobre todo el amor que nos dejan quienes se van. Esas eran las razones de ser de este proyecto y no estaba dispuesta a negociarlas.

Por primera vez en años la vida me estaba dando la posibilidad de elegir entre seguir a los demás y sus intereses o seguir a mi corazón. Lo seguí.

Un año más tarde, reuní a Leonor y Jossette para retomar el proyecto y contarles que Rosa Montero me había dicho que sí y con ella empezaríamos la primera temporada.

Después del amor[2] se convirtió en la primera producción de Nosotras3 y, sin duda, en uno de los logros personales más importantes de mi vida.

2 https://open.spotify.com/show/30LJrNEm02uqQN2neDww29?si=582521acbfa14866

7

La maravillosa forma de conocerte

A mí nunca nadie me había llamado "hiperbólica", pero viniendo de Rosa Montero me parecía uno de los cumplidos más emocionantes que me habían hecho en la vida.

Conocí a Rosa a través de sus columnas y artículos en el periódico *El País* y me convertí en una de sus asiduas lectoras durante mi época en Madrid. Columna que firmaba, columna que me leía y disfrutaba. Me encantaba su estilo y su forma tan directa de llamar las cosas. La vida me daría la oportunidad de conocerla en persona.

Una noche de septiembre de 2014, Alejandro y yo estábamos entrando al Teatro Real con una pareja de buenos amigos y reconocidos periodistas: Iñaki Gabilondo y Lola Carretero. Ellos, conocedores y amantes de la ópera, nos invitaron a la apertura de la temporada para ver *Las bodas de Fígaro*. Llegamos puntuales y, como pasa en ese tipo de eventos, se armó un atasco a la entrada de la sala del teatro y nos hicimos a un lado para esperar a que bajase la congestión.

Estaba algo distraída, pero interesada en no perderme ni un solo detalle del ambiente. De pronto, entre la gente vi que aparecía Rosa Montero caminado hacia la puerta, justo donde estábamos parados esperando, y con una sonrisa saludó a Iñaki y a Lola. Yo la reconocí de inmediato por la foto que aparece siempre junto a sus artículos. Me dio mucha emoción, pero disimulé para no ser pesada. El encuentro fue de minutos. Pocos. Se despidió para irse a sentar, cosa que también hicimos nosotros. Mientras avanzamos hacia nuestros puestos, le comenté al grupo que me encantaba cómo Rosa escribía en el periódico y que estaba superagradecida de que me la hubieran presentado. Nos sentamos.

Después de ese encuentro casual no volví a ver a Rosa.

Pasaron algunos años y, con el duelo de Alejandro, *La ridícula idea de no volver a verte*, el libro de Rosa, se instaló en mi mesa de noche y fue ganando protagonismo, hasta el punto de convertirse en mi inspiración para el pódcast.

Por esos días tuve que viajar a Madrid a un evento de cine y a hacer algunas entrevistas para Univisión. Me vi con Iñaki y Lola y les comenté la idea del pódcast y la intención de buscar a Rosa para incluirla en el proyecto. Ella era una de las razones principales para hacerlo.

Les gustó la idea. Ambos me impulsaron a seguir adelante e incluso ayudarme en todo lo que necesitara para la producción. No dudé en pedirle a Iñaki su ayuda para contactar a Rosa cuando todo estuviera un poco más adelantado de mi parte. Había decidido producir el pódcast por mi cuenta y todavía tenía que poner algunas ideas en orden. Me tomó unos meses.

Era prioritaria, para seguir adelante con el proyecto, una conversación con Rosa Montero sobre el duelo de su compañero, Pablo, quien había muerto algunos años antes y que hacía parte de su libro. Sin ella no veía cómo iba a presentar el primer episodio de *Después del amor*.

Lo que tanto deseaba se cumplió. Gracias a una amiga que trabajaba para la casa editorial de Rosa, me enteré de que venía a Miami a presentar un nuevo libro. Me pareció la oportunidad perfecta para reunirme con ella. Iñaki cumplió su promesa, la llamó y la puso sobre aviso de que yo estaba interesada en conversar con ella. No le dijo cuál era mi interés, pero Rosa accedió.

Tuve la buena suerte de que, a su llegada a la ciudad, estuviera de visita en el estudio de televisión y la entrevisté sobre el lanzamiento de su nuevo libro. Me identifiqué y le comenté que me gustaría hablarle sobre algo de carácter personal. Le dije que, si su agenda se lo permitía, yo estaría muy agradecida por su tiempo. Me citó en la editorial al día siguiente y se me ocurrió hacer una reserva en un restaurante cercano para buscar algo de privacidad.

Al llegar a la oficina, me enteré de que estaba pautada una entrevista y debía esperar a que terminara con la condición de que, si se alargaba, no tendría mucho tiempo para atenderme, porque la editorial había hecho compromisos con algunos colegas de la prensa.

Crucé los dedos y me senté a esperar. Hubo retraso, como era de esperarse. Terminó la entrevista y cuando nos disponíamos a salir su jefe de prensa me dijo:

—Marcela, tal vez no es buena idea que te lleves a Rosa. Estamos algo justos de tiempo y debemos continuar con las entrevistas.

Mi cara de frustración y tristeza me delató. Estaba a punto de decirle a la escritora, a la que había estado esperando por mucho tiempo, que su libro me había cambiado la vida y resulta que se estaba aguando la fiesta.

—Pero... no nos demoramos —dije con cara de súplica.

Rosa intervino y respondió:

—Vamos caminando por aquí cerca, es más fácil.

—Bueno, el único lugar que se me ocurre es el restaurante que está aquí en el primer piso de este edificio... Es bajar en el elevador y ya está... Más fácil —insistió la jefe de prensa.

—Perfecto. ¿Rosa, te parece bien? —pregunté.

—Sí, está bien. Me tomo un café con alguna cosa más —respondió.

Me volvió el alma al cuerpo y empezamos a caminar juntas hacia el pasillo para tomar el ascensor. Me parecía mentira que estaba con ella. Conversamos sobre el clima de Miami y la imperante necesidad de desplazarse en carro de un lugar a otro porque todo queda lejos, un estilo de vida completamente diferente al de Madrid.

Al llegar al primer piso caminamos hacia el lugar donde se veía una puerta y, a lo lejos, unas mesas y sillas. Llegamos, entramos y, de repente, leo un tablero inmenso: "Delicias de España 3".

—¡¡¡Cruzaste el Atlántico y no se me ocurrió otra cosa que invitarte a un restaurante español!!! —dije.

Y las dos nos reímos de la coincidencia, pero conscientes de las instrucciones de no demorarnos más de la cuenta.

Nos sentamos en la mesa que eligió Rosa y de inmediato pedimos de comer.

Entre los nervios y la hora, yo tenía hambre y al mismo tiempo no, pero ya en el lugar había que comer. Pedí patatas bravas, gambas al ajillo y una cerveza sin alcohol. Rosa ordenó huevos estrellados con jamón, un café y un vaso de agua. Al retirarse la mesera no tuve más remedio que entrar al tema que nos había llevado hasta allí.

Con el corazón a mil, empecé a hablar sobre lo importante que había sido su libro en mi vida y que quería compartir con ella una carta que había escrito una amiga al regalarme el libro.

Nos interrumpió la mesera con la cerveza y el café. Continuamos.

Leí la carta de Tania Revesado con la voz entrecortada. Se colaron unas lágrimas al final y le confesé lo difícil que había sido todo lo sucedido.

Con su mirada me dijo que me entendía y que sabía perfectamente lo que yo estaba viviendo. En sus ojos encontré un gran consuelo y, a continuación, me empezó a contar sobre su experiencia y a hacerme algunas preguntas sobre el tema.

—¿Has escrito algo? Deberías hacerlo… Escribe sobre lo que te pasó… Escribe cómo te sientes, aunque sea triste… Escribe porque al dolor hay que ponerle palabras…

Sus palabras entraron directo a mi corazón porque yo sí había escrito algunas cosas, pero no estaba lista para mostrárselas a los demás. Eran pensamientos desbordados que había estado escribiendo a escondidas y que, en efecto, me habían ayudado mucho a drenar el dolor y las lágrimas.

A estas alturas yo no podía tragar ni las patatas ni las gambas de la emoción de estar allí atravesando una de las conversaciones más esperadas de mi vida. Había llegado el momento de comentarle lo que nos había llevado hasta ese lugar.

—Rosa, es que quisiera saber si estarías interesada en aceptar una conversación sobre *La ridícula idea de no volver a verte*, sobre Pablo, tu duelo… Yo quisiera contarte sobre Alejandro y mi duelo. Esta conversación sería grabada y, si aceptas, se convertiría en un episodio de mi pódcast que se llamará *Después del amor*.

—¿Cuantos episodios son?

—¡Uno! O sea, realmente este es el primero. Es decir, es el único que tengo por ahora, pero he pensado en otros invitados. Para ser honesta, tú eres la fuerza que necesito para seguir.

Ahí estaba la mismísima Rosa Montero sentada frente a mí, disfrutando sus huevos con jamón y, con una naturalidad y un cariño indescriptible, respondió:

—Sí, lo podemos grabar. ¿Cuándo sería eso?

—¿Rosa, de verdad? ¿Aceptas?

—Sí, cariño, ¡¡¡que sí!!!

Me puse de pie, me acerqué y le di un abrazo que salió del alma. Rosa, muy generosa, correspondió a mi abrazo y me dijo que organizáramos la fecha.

—¿En Madrid? —preguntó.

Le dije:

—Sí, lo que decidas está bien. Viajaré si es necesario.

—No, no hace falta. Ahora todo es tan fácil por el ordenador.

Levanté mi cerveza sin alcohol, ya tibia de tanto esperar por el brindis, y Rosa alzó su taza de café. Con ese gesto y una foto que guardo como un tesoro, hice un trato con Rosa Montero, a la que sin reparo me atreví a decirle:

—Es más, Rosa, te nombro madrina de este proyecto.

Soltamos una carcajada y con ella empezó oficialmente *Después del amor*.

Marcela Sarmiento [18:42.58] Por supuesto, Rosa, cuando se va una persona, la que sea, deja cosas, deja pertenencias, deja libros, deja ropa. A mí me impresionaba mucho la billetera. La billetera de Alejandro me impresionó mucho cuando la recibí. Empecé a ver los documentos, empecé a ver todo, fotos, cosas tan personales, porque la billetera es sagrada para cualquiera. Y me empiezo a encontrar todo esto. Y prácticamente me negaba, Rosa, me negaba y me negué durante mucho tiempo a entender cómo una persona se va y deja todo como si nada, ¿no? Como si nada. Fue muy duro. ¿Te pasó con Pablo, Rosa?

Rosa Montero [19:23.822] Sí, claro. Pero pasa, lo cuento en el libro, ¿no? El título se refiere un poquito a eso también, ¿no? Que ese título sale del diario, no es mío, la frase sale del diario de Marie Curie, pero es algo que hemos sentido todos. La ridícula idea de no volver a verte, es decir, todo sigue completamente intacto y solo falta él. Entonces, ¿es que te parece que es una broma? O sea, es imposible que se haya ido, ¿no?

Una persona con la que convives ocupa tanto espacio en el mundo, tanto tiempo de tu vida, y, entonces, de repente, en efecto es muy duro que sigan todos los objetos y que siga todo y que falte él. Es que ni siquiera te lo puedes creer. Parece que en cualquier momento va a entrar por la puerta, porque no te lo puedes creer. Porque a la razón le repugna la idea de la muerte. O sea, es que nos repugna la idea de la muerte porque no la podemos calibrar, no la podemos concebir. Ni siquiera la nuestra.

Yo me acuerdo de mi padre que estaba también enfermo y decía: "¡Cuánto os voy a echar de menos!". Maravilloso, ¿no? Porque no podemos concebir nuestra propia muerte. Entonces, esa sí es la grandeza de la vida. Pero, entonces sí, yo recuerdo que los objetos personales al principio te dan un *yuyu* total, ¿no? Es decir, las tarjetas de crédito, por ejemplo, algo tan absurdo y tan poco íntimo como una tarjeta de crédito y de repente la miras como si fuera, no sé, algo ahí tan lleno de emoción. Pero entonces luego cada uno resuelve a su manera. Yo no voy a aconsejar a la gente cómo tiene que hacer el duelo, para nada. Cada cual se las arregla como puede y lo que haga estará bien. Pero hay que saber que aparece gente después de una pareja, tras la puerta.

Hay gente que tras la muerte de una pareja lo que hace es crear una especie de altar viviente. Sigue en la casa, con los armarios con la ropa del muerto o de la muerta, todo el despacho colocado tal cual. Si ha tenido un despacho en la casa, no entran en él. Es muy típico en mujeres que han vivido un poco a la sombra de los hombres.

El punto es que no tocan nada. Me parece muy bien si eso les hace asentar. Incluso hay gente que sigue yendo todos los veranos a algún sitio de viaje o haciendo lo mismo que hacían con esa persona, aunque sea sola. Por ejemplo, el marido solo se sigue sentando en la mesa del comedor donde se sentaba con ella y tal. Oye, esa es una manera de solventar el duelo. Pues entonces está bien. Yo soy lo contrario, *Terminator* total. Entonces lo primero que hice al día siguiente fue llamar a los hermanos de Pablo para que vaciaran los armarios. Se llevaron todo. Me quedé solamente con unas bufandas y con unos pijamas que todavía tengo y que de cuando en cuando uso y que es agradable sentir. Pijamas suyos, cuando quiero recordarlo.

8

Se vale reírnos de nuestro dolor

Los personajes invitados a *Después del amor* tenían algo en común: habían hecho de su duelo personal un motivo para expresarle al mundo su experiencia. Cada uno nos regaló sus pensamientos, sus sentimientos y sus lecciones de vida, en un formato distinto. En el caso de Héctor Suárez Gomís, actor y comediante, lo que me conectó con él fue el libro con la historia de su padre, Héctor Suárez, celebre comediante del cine y la televisión de México.

Llegué a Héctor gracias a Jossette, que trabajaba conmigo en el contenido editorial del pódcast y conocía a Héctor desde hacía muchos años, cuando trabajó en CDMX en diferentes proyectos periodísticos. Eran buenos amigos y compartían una realidad personal que sin duda había marcado sus vidas: la orfandad.

Ni Héctor ni Jossette tienen padres y, al igual que millones de personas que han vivido esa experiencia, eran el motivo de este pódcast.

El duelo de Héctor y el libro que escribió a continuación de sus pérdidas lo hizo un personaje interesante para *Después del amor*. Incluso fue valioso para nuestro contenido lo que significó sobrevivir a un padre y a una madre tan conocidos en su país y sus anécdotas alrededor de ello.

Aceptó encantado la invitación de Jossette y un día después nos reunimos telefónicamente para grabar el episodio. Ni él ni yo habíamos hablado con anterioridad.

Es decir, cuando prendimos los micrófonos y la cámara, ahí estábamos los dos sin saber cómo iba a empezar la conversación o si lograríamos el episodio en ese primer encuentro.

Lo único que Héctor y yo sabíamos era que ambos habíamos pasado por experiencias dolorosas y, asumo, eso nos bastó para darnos la mano y empezar a grabar sin prevención.

Con los comediantes pasa algo particular. Cuando los entrevistamos para la televisión o la radio creemos que su profesión los obliga a permanecer en estado de charla, gozo o alegría permanente y caemos en el error de invitarlos a los *shows* y programas exclusivamente para que saquen a relucir su lado cómico.

Después del amor era todo lo contrario. El episodio quería descubrir el lado más vulnerable de un comediante y lograr entender si la risa y el sentido del humor tenían cabida en el duelo de sus padres. Si eso era posible para él, cualquiera de nosotros, quienes hemos vivido el duelo en primera persona, deberíamos tener la misma capacidad de hacerlo. Ese era mi cometido al empezar la conversación.

Héctor Suárez Gomís fue diagnosticado con Asperger a los 36 años y confesó públicamente que, por esa razón, a lo largo de su vida le había costado tanto mantener las relaciones con sus exparejas e, incluso, sus relaciones familiares, incluyendo a su padre y a su madre.

Su capacidad de memorizar datos y fechas específicas también hacen parte de su condición y en el libro *Gracias, Papá*, escrito como un homenaje a la vida junto a su padre, queda en evidencia su capacidad para recordar.

Decidí entonces empezar a recordar junto a él las cosas que su padre le había enseñado en vida y las que él consideraba su mejor herencia. La comedia salió de inmediato como una de las grandes lecciones que le dejó Héctor Suárez, su padre.

Héctor Suárez Gomís [00:21:43] Claro. Y además me dijo una vez algo que me aprendí de memoria, que ahorita te lo digo. Me di cuenta de que es la vida misma. O sea, la fórmula de la comedia es de la siguiente manera: Una persona, común y corriente, llena de defectos, no puede tener virtudes, enfrentando uno o más problemas, una o más situaciones sin las herramientas o el conocimiento para poder enfrentarlas. A pesar de ello, las enfrenta y sale adelante. En este enfrentar estos problemas y estas situaciones es donde viene la risa, la comedia. Analízala y es la vida real. Tú y yo somos personas comunes y corrientes, llenas de defectos. Y desde que nacemos estamos enfrentando situaciones y problemas para los cuales no estamos preparados. Y, sin embargo, los enfrentamos y salimos adelante...

Cualquier persona que haya vivido un duelo sabe que así es y quien haya tenido la suerte de no haberse enfrentado a él todavía, aquí le va una recomendación: No se trata de superarlo a los golpes y por obligación. Se trata de aprender a vivir con él y encontrar poco a poco la serenidad del alma a través de los años.

Héctor Suárez Gomís [00:17:16] No, no se borra, se va diluyendo, ¿eh? Creo que no hay que darle la espalda a ninguna emoción. Te digo que les ponen a las emociones el mote de negativas y positivas. Si venía la rabia la dejaba estar. Si venía el dolor lo dejaba estar. Si venía el sufrimiento, el llanto, los dejaba estar, ¿eh? Y de esa manera también te vas drenando, vas dejando salir ese dolor por medio de las lágrimas, del enojo, de los gritos, de las rabias. Escribiendo el libro hubo muchos momentos donde yo aventaba el teléfono y gritaba, realmente un grito muy fuerte, y lloraba y eran gritos de dolor y los dejaba estar. ¡Eh! Por eso te decía que, al calificarlas en emociones malas y buenas, te prohíbes sentir. Esas emociones hay que dejarlas estar. Creo que hay que dejar vivir y estar y ser a todas esas emociones. Esa fue la mejor manera para que se empezaran a diluir. El dolor nunca se va, aprendes a vivir con ese dolor y claro que va disminuyendo, pero existe, sigue existiendo ese dolor...

Mientras hablaba con Héctor, podía ver su esfuerzo por permanecer concentrado en la respuesta a mi pregunta. Pero incluso cuando se salía del tema y se abría a conversar sobre otras cosas, resultaba muy interesante ver las experiencias a las que estuvo expuesto por ser hijo de sus padres. Habló de sus lecturas favoritas, de la meditación y cómo su padre la utilizó como método de salvación cuando tocó fondo por culpa del alcoholismo.

Sí, uno de los ídolos por excelencia del pueblo mexicano no fue perfecto y su hijo estaba conversando conmigo sobre la lucha que vivió para superar sus fantasmas, el legado que dejó y lo que su ausencia había causado en su familia y en sus millones de seguidores. Me confesó sentir cierta falta de intimidad para vivir su duelo. Me pareció triste e injusto, pero al mismo tiempo pensé que la vida pública no conoce la prudencia.

Héctor Suárez Gomís [00:49:30] Porque, además, lo que pasa es que mi papá no era nada más mi papá. Él le pertenecía al mexicano. No, al latinoamericano. Entonces era muy complicado porque si entraba yo a un restaurante que tenía 30 mesas, por lo menos 20 se levantaban a hablarme y a darme el pésame y a hablar conmigo y a decirme cuánto lo admiraban y cuánto él les había hecho reír y qué importante era para su familia y para su casa. Entonces, en ese sentido, y sin que esto suene peyorativo ni que me estoy quejando, no te daba paz el vivir tu duelo, ¿no? O sea, porque a lo mejor ese día te levantabas y estabas calmado y el que te lo recordaran tanto, tanto, tanto, tanto, tanto durante todo el día me provocaba más dolor. Llegaba a mi casa a quererme tirar a la cama y a llorar abrazando la almohada. Eso, eso, eso fue muy complicado. A mí lo que me sirvió mucho fue que, una vez que él muere, decidí estar encerrado sin nadie...

El padre de Héctor era de todos. Les pertenecía a todos por su talento, por su trayectoria y porque el pueblo se identificó con sus personajes a lo largo de muchos años. Había grabaciones, fotografías, películas, programas de televisión, entrevistas para recordarlo y tenerlo a mano en caso de nostalgia extrema.

Le conté a Héctor, durante nuestra conversación, sobre los mensajes de voz que yo había guardado de mi padre y que conservo con mucho cariño. De vez en cuando los oigo y en ellos me cuenta que está bien, que ya se tomó sus pastillas y que me extraña mucho. Son mensajes que se quedaron suspendidos en el tiempo.

Pasados los días iniciales del *shock* que trae la noticia de cualquier fallecimiento, la vida nos obliga a salir del escondite. Héctor salió, pero al poco tiempo murió su madre y, en cuestión de un año, se había convertido en huérfano y en cuestión de instantes regresó a su infancia.

Marcela Sarmiento [00:36:49]: Se dice, incluso, que cuando se muere el papá y la mamá pareciera que la historia de uno como que queda corta y como que lo que hay hacia atrás pues dejó de existir porque ya no hay quién te cuente tus cosas, ¿eh? Tus cosas, como cuando estabas en el colegio o te narre alguna anécdota de cuando eras bebé. ¿Tú has sentido eso y de qué manera? ¿Lo has podido, no sé si superar o si sacar de ello algo, algo positivo?

Héctor Suárez Gomís [00:37:45] Pues mira, todo el mundo habla de la muerte de tu papá, de la muerte de tu mamá, de esos dolores. Oyes anécdotas de mucha gente que lo ha vivido. Nunca se habla de la orfandad. Además, la orfandad nos lleva a la infancia, no como si los huérfanos son nada más los niños, sino yo. Soy un hombre de 55 años. Cuando murió mi papá tenía 51. Cuando murió mi mamá tenía 52. Y, sin embargo, vivía ese sentimiento de orfandad. Me hizo sentir un vacío espantoso. O sea, además de vivir ese dolor de la muerte, te llega este otro que es la orfandad y dices: "Madre mía, estoy solo". Sé que tengo a mi hermana, a mis hermanos, pero de todos modos sentía que estaba abandonado en el planeta, que ya nadie me iba a cuidar. Aunque suena hasta absurdo e ilógico que a los 50 y tantos te cuidaran tus papás, ¿no? Pero eso ocurre y eso pasa. Te sientes solo, te sientes abandonado, te sientes, eh... desprotegido. Sientes que nadie va a ver por ti y, al mismo tiempo, te das cuenta de que es la regla de la vida y que esto sigue...

Me puse en su lugar. La muerte de mi papá, dos años antes de esta grabación, dejó esa misma sensación de abandono que describió Héctor.

Pude imaginar también lo que Paulina y Florencia sintieron al perder a su papá. Eso sí que me dolió más que cualquier otra cosa. Pensar en que se sintieron asustadas, abandonadas y vulnerables fue una de las cosas más complicadas de enfrentar. Luego llegó el vacío, la ausencia, los recuerdos y las lecciones que aprendieron de él.

El compromiso de no permitir que lo olvidaran fue inmenso. Empecé a utilizar los recuerdos divertidos y chistosos de su papá para traerlo a las conversaciones con anécdotas que valiera la pena recordar. A veces lo lograba y salía airosa del momento, otras me venía la tristeza, fallaba en el intento por mejorar la situación y terminábamos peor.

Pero de eso trata el duelo. Llegará el día en el que ríes de lo vivido y te darás cuenta de que no siempre caben las lágrimas cuando se trata de recordar a quienes se han ido. Lo que trato de recordar de mi padre son sus ocurrencias y locuras. Me gustaría que estuviera aquí incluso para que leyera este libro, pero la historia fue distinta.

Sonrío pensando que estaría orgulloso. Por razones obvias en este capítulo lo tuve presente todo el tiempo.

Marcela Sarmiento [00:18:17] ¿En qué momento cambias tú, que eres, además, un profesional de la comedia y que también contabas que se te hace muy fácil escribir cosas de humor y este tipo de contenidos? ¿En qué momento realmente logras cambiar todo ese enojo y toda esa, digamos, tristeza por cosas que daban risa, por cosas que recordaban a tu papá con risa? Incluso cosas que se pueden llamar hasta ridículas, porque a veces uno puede ser muy ridículo a la hora de reírse de una situación tan absurda como la muerte.

Héctor Suárez Gomís [00:18:5] No hay una receta, no hay cómo. ¿Cómo seguir un abc? O sea, fue con el paso del tiempo. De pronto, con el paso del tiempo ese dolor, de pronto, al recordarlo, si me sacaba lágrimas me empezó a sacar risas. El recordarlo me empezó a hacer sonreír en lugar de ponerme mal. Eso no quiere decir que de pronto no me ponga mal y lo deje estar. Pero se van transformando las emociones de rabia, de dolor, de sufrimiento en sonrisas, en risas, en recordarlo y sonreír y decir: "Qué bueno que lo viví, qué bueno que existió, qué bueno que estuvo junto a mí, qué bueno que lo aproveché, qué bueno que le aprendí, qué bueno que le amé y qué bueno que no me callé nada de lo que quise decirle". Siempre eso empieza a ocurrir: el dolor empieza a disminuir, se empieza a diluir, no deja de existir y entonces va cambiando. En lugar de gritar de rabia, en lugar de llorar, de pronto sonríes al recordarlo, de pronto te ríes al recordar anécdotas. Creo que es un proceso que cada uno tiene que vivir y no hay, como te digo, una estructura o una receta o un abc...

Tal vez uno de los momentos más divertidos de este pódcast sucedió precisamente durante la grabación de este episodio junto a Héctor Suárez Gomís. Me empezó a contar el momento en que su madre, Pepita Gomís, muere en sus brazos. Algo que suponía un silencio y una pausa, se convirtió en una anécdota con la que no pudimos aguantar la risa. Fue risa nerviosa, pero al fin y al cabo risa, y pude comprobar que las lecciones que su padre le dejó eran genuinas: ante su dolor echó mano de su buen sentido del humor y eso lo rescató por un instante de uno de los momentos más absurdos y dolorosos de su vida.

Héctor Suárez Gomís [00:24:40] Cuando muere mi mamá, que muere en mis brazos, se murió en su sillón. Era de estos sillones con una palanca para hacerlo casi cama, para ponerle el respaldo en la posición que tú quisieras. Entonces muere en mis brazos. La abrazo, la lleno de besos. La dejo en su sillón tantito y el sillón no estaba hacia atrás, estaba... este, pues, prácticamente recto y entonces dije: "No, no *wey*, hazle la palanca para atrás, no vaya a ser que tu mamá se venga para el frente y empieces a vivir lo que vivieron los cuates de *Weekend at Bernie's*". Entonces, al minuto de haber muerto y de estar yo con dolor, me empecé a morir de la risa.

Marcela Sarmiento [00:25:3] Perdóname que me ría porque realmente es una anécdota muy chistosa.

Héctor Suárez Gomís [00:25:40] Es que yo me reí.

Marcela Sarmiento [00:25:42] Pues... es que yo me estoy riendo y siento mucho reírme, pero... Pero es cierto que ocurren este tipo de momentos.

Héctor Suárez Gomís [00:25:48] Ríete, ¿no? Y además yo me reía, pero además me dije a mí mismo: "No mames, ahora falta que esto se vuelva y se vaya tu mamá de hocico, ¿no?". O sea, así pensé y me empecé a reír, obviamente. Ya, pues la palanca la hice para atrás, la acomodé, terminé de reírme, paré y me dije: "Ahora tienes que avisarle a tu hermana". Y ya después el dolor volvió a llegar. Pero insisto, la comedia nace del dolor y el dolor no tiene que ser algo funesto. Que si tienes una cita para ir al trabajo y te deja el camión y vas a llegar tarde, ahí hay dolor. Si pierdes tu cartera, hay dolor. Si vas al cajero y necesitas dinero en efectivo para pagar la renta y el cajero se traga tu tarjeta de crédito, ahí hay dolor. O sea, el dolor no tiene que ser algo exagerado, pero de ahí parte la comedia. Entonces, claro, la muerte, si te das cuenta de que vivimos en el universo de la dualidad, pues claro que tiene esta parte absolutamente dolorosa y triste y debe tener el otro lado de la moneda, que es la risa...

Al igual que ese día, hoy sigo pensando que si nos podemos reír de las cosas más difíciles cuando las vemos desde otra perspectiva, podemos alcanzar momentos de felicidad y alegría. Tener la capacidad de ver las cosas con la naturalidad que tienen es un paso grande hacia la plenitud. Reírse de la vida, incluso de los peores momentos, resulta un gran antídoto contra el dolor.

A Héctor le debo una lección: hay risa después del amor.

9

Hay quienes se quedan para siempre

Para mí hablar del duelo dejó de ser un tema íntimo desde que entré al estudio a grabar las voces de los episodios del pódcast. Sentada frente al micrófono en completo silencio logré sentir y abrazar todo el proceso que me había llevado hasta ese momento.

Algunos meses antes había tenido la oportunidad de leer una columna de un amigo periodista, comediante y *youtuber* que me hizo lagrimear. Daniel Samper Ospina tituló la columna *La mascota de mi vida* y en ella contaba la experiencia de haber perdido a su perro y compañero de vida, Serafín, quien una mañana de domingo no se despertó más y dejó a toda su familia en una profunda tristeza.

La columna salió publicada en la plataforma digital *Los Danieles*, llamada así por los tres periodistas y escritores colombianos (Daniel Samper Pizano, Daniel Coronell y Daniel

Samper Ospina) que llevan el mismo nombre y que escriben allí. La columna que menciono se hizo viral en Colombia en cuestión de horas.

Las reacciones por la muerte de Serafín fueron solidarias y fraternales. La gente no tuvo reparo en enviar mensajes de condolencia, respeto y cariño por Serafín y por Daniel. Él, además, invitó a sus seguidores a compartir una foto de "la mascota de su vida" y a que, quienes lo desearan, hicieran un homenaje público a sus animales.

La respuesta fue contundente y enternecedora. Miles de personas participaron en el reto. Yo no quise quedarme atrás. Subí una foto de Gazpacho, mi perro, y de esa forma quise enviarle a Daniel mis condolencias por la muerte de Serafín.

A principios de 2024 empecé a buscar a Daniel para contarle mi proyecto del pódcast sobre el duelo. Primero llamé a Gustavo, periodista y amigo mutuo, cercano a Daniel, y a quien le pedí confirmar su contacto porque hacia algunos años no conversaba con él. Cuando lo conseguí, intercambiamos un par de mensajes por WhatsApp y un mensaje de voz de ida y otro de vuelta. En ellos le explicaba cuál era el formato y por qué la historia de Serafín era muy especial para *Después del amor*.

—Honor que me haces, Marcela. Claro. Cuenta conmigo —me respondió.

—Que emoción, Daniel, ¡¡¡¡gracias!!!! Estoy muy agradecida de que aceptes mi invitación. Te llamará el equipo de producción para organizar día, hora y prueba de sonido.

—Sin problema. Lo hacemos. Envíame fechas y estaré listo.

Agradecí con un texto y una sonrisa en la cara. Me dio mucha emoción porque la historia de la pérdida de una mascota contada por Daniel sería una forma muy especial de hacerle homenaje a su amistad con Serafo, como le decía de cariño, y, al mismo tiempo, era una manera de reivindicar los sentimientos de miles de personas que necesitan validar su duelo y sentir que no están solos en el dolor de haber perdido a un miembro no humano de su familia.

El día de la conversación con Daniel llegué a la casa después de mi trabajo y, como siempre, Gazpacho corrió a la puerta a darme su habitual bienvenida: saltos y maromas con ladrido incluido, dependiendo del día y de mis horas de ausencia. Siempre me toma "unos" minutos saludarlo y, al mismo tiempo, hacer descompresión del estrés que traigo de la calle.

Gazpacho ha sido de gran ayuda desde la muerte de Alejandro. Sin él este duelo por el que hemos atravesado Paulina, Florencia y yo nunca hubiera sido igual. Siempre pienso en la forma como llegó a nuestra vida. Fue premonitoria.

El 21 de diciembre de 2015 Alejandro nos invitó a celebrar mi cumpleaños en uno de nuestros restaurantes favoritos de Madrid. Ese día decidió contarles a Paulina y Florencia que nos iríamos de la ciudad porque había aceptado un trabajo muy importante para él y que traería cosas muy especiales a toda la familia. El ambiente familiar cambió de inmediato en la mesa.

La cara de asombro de Paulina y Florencia no se hizo esperar. Tampoco sus lágrimas. Hubo drama y ambos tratamos de darles ánimo y explicarles que todo estaría bien y que vendríamos a Madrid de vacaciones.

Fue un golpe fuerte porque su vida en Madrid hasta ese momento era lo más estable e importante para ambas. Con el ánimo de que el anuncio no fuera un fracaso, que ya lo era, Alejandro sacó una carta de debajo de la manga:

—Niñas... como tendremos una casa más grande y con un jardín, por fin podremos tener un perro. ¿Qué les parece?

Paulina levantó la mirada. No dijo nada.

Florencia abrió los ojos con sorpresa y sonrió. Hubo algo de esperanza en la mesa.

Empezaron a disparar preguntas y más preguntas: ¿Cuándo?, ¿dónde?, ¿por qué?, ¿cómo? y, las más difíciles, ¿por qué no nos quedamos aquí? ¿Qué pasará con las amigas… con los amigos? ¿Nuestro apartamento…?

Para todo hubo respuesta y Alejo insistió en el asunto del perro, en la llegada de una mascota y en la alegría de tener un nuevo miembro en la familia.

Un par de días después nos fuimos a Londres para pasar la temporada de Navidad y Año Nuevo. Así cerraríamos nuestro ciclo, después de varios años de vida en Europa. Teníamos mucho que agradecer y elegimos Inglaterra y Escocia como destino de vacaciones para nuestra última temporada en ese continente. También sería la última de los cuatro en familia.

Salimos de viaje el día de Navidad. Alejandro y Paulina iban siempre adelante, Florencia y yo siguiendo sus pasos detrás. Y empezamos a compartir posibles nombres para el perro. Florencia era la más interesada porque se había hecho la ilusión sobre el nombre que llevaría su futuro perrito.

—Hagámosle un homenaje a España —dijo Alejandro.

—Vale, entonces pongámosle Manchego —dijo Pau.

Florencia rio y dijo:

—Jamón Serrano —Luego agregó—: ¿Serrano? —Y de inmediato concluyó—: ¡¡¡Chorizo!!!

Todos nos reímos y dijimos:

—¡Pobre animal!

—Chorizo es muy chistoso. Pero eso no va a quedar bien. Así les dicen a los ladrones en España —dije.

Seguimos caminando y a las pocas cuadras de seguir buscando el nombre y soltando el primero que se nos ocurría, Alejandro se detuvo y dijo:

—¡Gazpacho! ¡Se va a llamar Gazpacho!

Nos miramos y todos, con solo una mirada, aceptamos la idea.

—A mí me gusta mucho —dije yo.

—Gazpacho es lindo… divertido —dijo Paulina.

—Ya sé por qué lo elegiste, papá. Porque a ti te encanta el gazpacho —dijo Florencia.

Estaba decidido, el nombre ya lo teníamos. Ahora faltaba el perro.

En Londres todas las tiendas de *souvenirs* estaban llenas de imágenes de la reina y sus inseparables amigos: una manada de corgis que estaban impresos en las vajillas, floreros, vasos y mantas con la bandera de Inglaterra. Por supuesto esa le parecía a Florencia la mejor opción.

—¿Qué les parece si Gazpacho es un corgi? —dijo.

No sé si por el afán de enamorarnos de la idea del perro, la mudanza y Miami, y evitar pensar en todo lo que se nos venía encima, después de la temporada de fin de año todos estuvimos de acuerdo.

Gazpacho empezó como un corgi de pelo corto y resultó siendo un peludo goldendoodle.

Al regreso de esas vacaciones y sin darnos muchos detalles, Alejandro empezó la búsqueda de Gazpacho. Por recomendación de Cecilia, una amiga, le comenté sobre un lugar al norte de la Florida donde había una raza muy especial que estaba segura de que a las niñas les iba a encantar.

A su llegada a Estados Unidos, Alejandro se encargó de buscar el lugar en el que podríamos encontrar a Gazpacho, el perro que él se soñaba para Paulina y Florencia.

Como sorpresa para nosotras tres, hizo los arreglos en un pequeño lugar a cuatro horas de Miami donde eran conocedores de goldendoodles, una raza muy especial.

El acuerdo al que llegó con la encargada del lugar fue que el primer macho que naciera de la camada de Ellie y Landon en los siguientes meses sería nuestro.

Dos semanas después del funeral de Alejandro en Miami, recibí una llamada a su teléfono (que tuve activo hasta un tiempo después). Me habló una mujer que se identificó en inglés y dijo:

—Puedo hablar con el señor Nieto.

—¿Quién habla? —respondí.

—Soy Lisa, la dueña de Ellie, la perra que posiblemente dará una camada durante este semestre y quería comentarle al señor Nieto que he recibido el dinero de nuestro acuerdo y que lo volveré a llamar cuando Ellie quede preñada.

Yo quedé muda. Me retiré para hablar con más tranquilidad a la otra habitación y le dije:

—Lisa, lamento contarte que Alejandro ha fallecido.

Ahora la muda era ella. Hubo un silencio total.

Se reincorporó a la llamada y me dijo:

—Cuánto lo siento. Hablé con él hace unas semanas y estaba muy emocionado por el perro, me dijo que ya habían elegido un nombre y que a su llegada a Miami pasarían a buscarlo en familia. Siento mucho esta noticia. ¿Quieren seguir adelante con el acuerdo? ¿Quieren todavía recibir al perro? Puedo hacer un reembolso. Entiendo la situación.

Y dije:

—No. Sigo adelante con el acuerdo, con la llegada del perro y con la sorpresa para Paulina y Florencia.

Nos despedimos.

El 19 de mayo de 2016, Ellie parió cinco hembras y un macho: Gazpacho.

Recibí la llamada de Lisa, quien me dio la noticia con fotos incluidas de los recién nacidos. Era la mejor noticia que había recibido en meses y empecé a saltar de la emoción y con la ilusión de que llegaba a la vida algo que Alejandro nos había dejado. Sin sospecharlo nos dejó, no solo su recuerdo y un dolor profundo con su pérdida, sino también una vida para cuidar y continuar viviendo.

Cuando me reuní con Daniel Samper a grabar el pódcast, fue emocionante hasta las lágrimas hablar de Gazpacho y la forma cómo llegó a nuestra vida. A diferencia de los demás episodios del pódcast, hablar sobre lo que ha significado para nosotras fue muy especial.

Semanas más tarde, al grabar mi narración, tuve que detenerme varias veces, porque se me rompía la voz, se me aceleraba el corazón y me daba un sentimiento que no es posible describir. Eso es seguramente lo que sentimos quienes hemos tenido una mascota en algún momento de la vida. Solo quienes lo vivimos sabemos de qué se trata ese amor y ternura que nos inspiran los animales y, al compartirlo, descubrimos que muchos se identifican con ese mismo sentimiento.

Durante la preproducción de *Después del amor*, cuando discutía con el equipo sobre los diferentes episodios, hubo tantos personajes e historias que entraban y salían de nuestras conversaciones que se nos hacía inmanejable la lista. Pero siempre hubo la convicción de que hablar del duelo de nuestras mascotas sería importante y necesario para el proyecto.

Debo aclarar que en mi caso la aparición de Gazpacho era todo lo contrario a un duelo. Su llegada a nuestra familia y la importancia de su presencia adquirió una dimensión aún más grande y poderosa. Gazpacho me salvó de la apatía por las cosas y me reconfortó en momentos en los que ningún ser humano hubiera podido hacerlo. El amor incondicional de Gazpacho fue, ha sido y es un elemento de ayuda emocional indiscutible.

Para Daniel Samper Ospina Serafín también lo fue y así lo dijo en la grabación de nuestra conversación:

Daniel Samper [00:22: 19] ...Pero bueno, pues ha sido un perro maravilloso, realmente fue un extraordinario perro, un extraordinario amigo, como pocos, de verdad. Y me va a quedar siempre el consuelo de haber conocido esa lealtad tan concentrada en estado tan puro. Y si pudiera devolver el tiempo, en todo caso elegiría haberlo podido conocer, así me quedara la tristeza de su ausencia. Prefiero eso a no haberlo conocido nunca para evitar el dolor de su ausencia. Pues ya uno habla como si fuera un bolero porque se le murió el perro. Pero es así.

Marcela Sarmiento [00:22:37] No, no es un bolero, es lo que realmente te sale del corazón. Y yo creo que esa es la parte que muchas veces la sociedad no permite que uno hable y uno diga y uno cante como bolerista de un ser que lo hizo a uno tan feliz. Aquí, al contrario, Daniel, estás en todo tu derecho de hablar y decir lo que tú quieres...

La pérdida de un ser que amamos nunca podrá ser reemplazada. Es como si el corazón pudiera tener millones de gavetas donde guardar el amor que damos a cada uno de esos seres. Para

Daniel quedó claro que con la pérdida de su gran amigo nada ni nadie puede sustituir su amor, ni sus otras mascotas, que son varias y estaban a sus pies mientras hacíamos la grabación.

Marcela Sarmiento [00:27:45] ¿Tal vez estos gatos, los dos, Nicolás y Chilindrina, y los demás animales que hay en tu casa, te han ayudado un poco a manejar el tema del dolor o la ausencia de Serafín?

Daniel Samper Ospina [00:27:58] Pero no sustituyéndolo. No. No sustituyéndolo. Es decir, no se trata de comprar más perros para ver si uno no echa de menos su perro; ese espacio no lo va a llenar ningún perro, no lo llenará nadie. Y no se trata de llenarlo, se trata de saber qué hacer con esa ausencia, de convivir con ella, de que esa ausencia lo acompañe a uno también de alguna manera. Y supongo que eso es aplicable a cualquier tipo de luto. Ni los seres humanos ni los animales son reemplazables. En términos generales, la historia particular que tuvieron con uno es única y el único consuelo que a uno al final le queda es el recuerdo, ¿no?

Yo realmente soy muy como descreído de la cosa divina, de que hay un orden divino, de que todo tiene un sentido, de que uno se va a encontrar después en el cielo. Yo soy muy escéptico, realmente soy muy, pero muy escéptico. Yo creo que esto obedece como a una especie de brote biológico extraño en el que estamos todos ciegamente metidos. Un ímpetu de la vida de seguir y seguir. Pero no sé si eso conduzca a algo. En todo caso, lo que sí reconozco es que los perros pueden alumbrar con algo de poesía ese aparente sinsentido de la vida. Eso por lo menos ha pasado en mi caso. Entonces, dentro de esa poesía creo que también caben las historias de por qué llegan a uno ciertos perros, como seguramente pasará con más cosas, ¿no? Entonces, pues fíjate que Serafín llegó por algo. Era el perro calvo al que todos rechazaban. Probablemente aparezca un nuevo perro con una historia semejante, pero creo que uno se encuentra las historias. No, no tiene que salir a buscarlas. Tiene que esperarlas.

Marcela Sarmiento [00:30:29] Así como llegó Serafín a la puerta de tu casa.

Daniel Samper Ospina [00:30:32] Tal cual como llegó y con una historia muy particular: era el perro calvo que venía a acompañar a otro calvo...

La conversación con Daniel tuvo una particularidad. Mientras él hacia homenaje a Serafín, yo hacia el mío a Gazpacho y, mientras hablaba, confirmaba esa relación que llevan intrínsecas la vida y a muerte. Son cuestión de tiempo. Son la sincronía que nos impone el destino.

Marcela Sarmiento [00:37:16] Daniel, te voy a preguntar lo siguiente. Me gustaría que me dijeras qué cambió Serafín en ti. Si él llegó por algo y para algo.

Daniel Samper Ospina [00:37:28] Buena pregunta. No, no sé. No sé si llegue hasta tan allá de que él haya logrado cambiar algo en mí. No lo sé. Sí sé que compartí con él. O sea, me dio mucha fuerza, me dio mucha paciencia en los agobios de la vida. A mí me daba satisfacción saber que estaba al lado mío, que es lo que hace una mascota al final, ¿no? En esa compañía hay mucha fortaleza. Así sea una compañía aparentemente pasiva, hay muchísima fortaleza. Yo creo que uno aguanta mucho el ajetreo diario gracias a que su mascota está ahí al lado y la puede consentir, eso me pasaba mucho con Serafín. Él, de golpe, se acercaba y con la frente me movía la mano cuando veía que yo tenía la mano por ahí suelta para que lo consintiera. Entonces, no sé, hacía como mucho más llevadero el día a día. No es que me haya dejado una lección así, concreta, estudiada, pensada o dictada, sino que todo ese cúmulo de amor, pues, primero, brinda una esperanza de que en la vida hay cosas muy bonitas y, segundo, me da mucho ánimo.

Marcela Sarmiento [00:38:54] Sí, esa es una particularidad que tienen los animales: dan ánimo. Y sobre todo hay una cosa que yo personalmente le entrego a Gazpacho todo el tiempo. Es... es... digamos, como una ternura. Pocas cosas en la vida generan tanta ternura, en mi caso, como mi perro...

10

Estás en el azul del cielo

Hace exactamente diez años, mi vida dio un giro inesperado. Lo que se suponía sería un momento de felicidad y esperanza se tornó en un evento trágico que acabó temporalmente con buena parte de mis ilusiones como mujer, madre, esposa y profesional. Confieso que nunca lo había hecho, pero hoy es el momento de escribir al respecto.

MARCELA SARMIENTO

Cuando Piedad Bonnett lanzó el libro *Lo que no tiene nombre*, en el 2013, vivíamos en Madrid. Recuerdo haberme enterado de su publicación en la sección de cultura del periódico *El País*.

También recuerdo haber leído y releído el título del libro y quedarme pensando en ella, a quien no conocía, pero sabía del respeto que los amantes de la poesía profesaban sobre su obra.

La conocí a través de ese escrito, alucinante y honesto hasta la raíz, como su título. Es un estremecedor libro sobre el duelo por su hijo Daniel, quien se había suicidado poco tiempo atrás. Haberlo contado me pareció un acto de valentía como pocos y su forma de contarlo fue y seguirá siendo insuperable.

Años más tarde, durante mi ejercicio para hablar sobre mi propio duelo y en la búsqueda de personajes para mi pódcast, encontré en la biblioteca de mi casa el libro de Piedad Bonnett que había sobrevivido la mudanza desde Madrid y me siguió acompañando como si hubiera estado esperando a que lo volviera a leer. Así fue. Llegó el día en que nuevamente lo abrí y me senté a leerlo, esta vez con otros ojos, con una mirada distinta sobre la muerte y el dolor de perder lo que más amamos.

La idea de invitar a Piedad Bonnett a ser parte de *Después del amor* se convirtió en otro de mis grandes retos personales.

Leía esporádicamente sus columnas en *El Espectador* y quise acercarme formalmente a través del director del periódico. Abrí mi agenda y allí estaba el teléfono de Fidel Cano. Pero, honestamente, tenía tantos años de no llamarlo que prefería confirmar su contacto para no dar un paso en falso. No me lo podía permitir. Le puse un mensaje de WhatsApp a Camilo Cano, amigo desde hace muchos años, y él me dio su nuevo número, al que escribí de inmediato comentándole mis intenciones de invitar a Piedad a un episodio del pódcast:

"¿Crees que le interese la entrevista?", pregunté con algo de duda.

"Es muy amable y siempre quiere ayudar, así que no creo que tengas problema. Escríbele". En su respuesta añadió el correo electrónico de Piedad y, con ello, me llenó de ánimo para hacerlo.

Empecé el correo presentándome y, sin más preámbulos, me lancé a contarle sobre mi pódcast y lo importante que sería poder contar con ella en uno de los episodios.

Un par de días después me llegó la notificación de su correo y en él un agradecimiento por contar con ella para el proyecto. Además, hablaba de las especificaciones del tema que íbamos a tratar y me decía su disponibilidad de horario, al que yo me acomodaría sin ningún problema.

En una segunda comunicación le respondí que desde su computador podríamos hacerlo y que solo sería necesario que la productora la llamara para hacer pruebas de sonido.

"Marcela, el jueves próximo, entre 5 y 6 de la tarde, lo podemos hacer". Me respondió.

Me dio mucha emoción. Piedad Bonnett había aceptado y el episodio cuatro tendría una historia que llegaría a miles de personas que necesitaban oírla y sentir que no estaban solas y que, a pesar del dolor que atravesaban, podrían encontrar consuelo en las palabras de una mamá y escritora que también lo había vivido.

Poco a poco se iba armando un grupo de personajes maravilloso y, mientras pasaban los días, *Después del amor* iba superando mis expectativas y me iba confirmando que estábamos haciendo algo especial.

Llegó el día de la grabación con Piedad y mis nervios estaban a flor de piel. Esta era una conversación que mezclaba dos cosas: por un lado, mi trabajo periodístico, al que debía recurrir para hacer preguntas sensatas y lograr una historia; por el otro, estaba mi pedazo más vulnerable e íntimo.

Piedad me ayudó mucho. Su naturalidad para hablar del tema y, sobre todo, el dominio de sus palabras fueron una lección de vida que nunca olvidaré.

Con pausa y respeto mutuo la conversación se fue dando de una manera espontánea, tanto así que mi entrevistada terminó haciéndome preguntas sobre Alejandro y, para mi asombro, sobre Miguel, nuestro bebé.

Se detuvo con curiosidad sobre lo sucedido con Miguel.

Le pareció que ese duelo involucraba muchas cosas sobre la vida y las expectativas que un embarazo genera en una pareja o en una familia. Le pareció doloroso que a mis nueve meses de embarazo y a pocas horas de nacer, Miguel se muriera y dejara un vacío inmenso y una desolación difícil de explicar, pero tan diferente a lo vivido por ella.

Piedad Bonnett [00:08:35] Entonces son golpes muy, muy tremendos, muy distintos. Sí, muy distintos. Yo creo que son todos los matices del duelo los que están ahí, porque mira que hay duelos que se viven en vida. Como el que yo tuve y como el que Daniel tuvo. Porque Daniel estaba haciéndose un duelo a sí mismo. Decir "me voy, me estoy deteriorando, me estoy yendo", eso tiene que ser un dolor profundo. "Estoy oyendo cosas que no debería oír. Tengo miedo". Y además se despidió de sí mismo. Sí. Entonces eso es muy duro. Todo, todos esos duelos tienen matices muy particulares. Yo hice un duelo previo. Entonces, Dios mío, ¿cómo le llega a mi hijo esto? ¿Y qué futuro hay en ese hijo? Mmm. Y cuando llega la muerte... Yo siempre he pensado que yo no me derrumbé porque vi que eso era una salida para una vida que, tal vez, no tenía futuro. ¿De verdad? ¿Esperanza? Sí. Entonces creo que todos los duelos son diferentes...

La esperanza es una palabra que desaparece del vocabulario cuando te enfrentas al duelo. Al menos se pierde por un buen rato y eventualmente regresa sin que te des cuenta. A mí personalmente me sucedió. Tenía miedo de mirar hacia el futuro. Tenía pánico de hablar sobre los planes y sueños que tenía porque creía que si me ilusionaba con ello no se iba a cumplir. En esos momentos de contención y "control" descubrí que yo también era responsable del duelo de mis hijas y que su futuro, y la esperanza que le pusieran a su vida, estaba en mis manos. Su crianza estaba cruzada por mi ejemplo.

Piedad me lo explicó de la siguiente manera:

Piedad Bonnett [00:08:35] Pues me parece tremendamente duro eso que viviste, porque no tienes solamente tu duelo, sino el duelo de las niñas. Que hay que saber apaciguar, ¿no? Y porque ese duelo no sabemos qué daño está haciendo allá. O sea, tú sabes que el duelo lo marca a uno para siempre. Pero cuando uno ya tiene la madurez suficiente para entender que la muerte es una parte más de la vida, es menos abrupto y brutal que cuando eres un niño que piensa que tu papá no se va a morir nunca, que eso no pasa sino en las películas. Entonces creo que la madre tiene que tratar de que su congoja no la arrase. Tiene que hacer un ejercicio de contención de su dolor. Me imagino que hasta cierto punto nada más, porque también es sano que ellas vean que la madre está adolorida, ¿no? Pero encontrar ese punto medio me parece muy difícil...

Yo viví esa contención, fue real y, en su sabiduría, Piedad lo percibía. Sentada en el salón de mi casa frente al computador y a miles de kilómetros de distancia, sus palabras fueron un abrazo para mí. Sentí su consuelo. Sentí alivio.

A 10 años de la publicación de su libro y a 8 años de la muerte de Alejandro, hablar con ella fue entrañable para mí y nunca tendré cómo agradecer su compasión. Pero Piedad Bonnett no solo me ha consolado a mí, lo ha hecho con tantos que incluso el consuelo la ha desbordado.

Piedad Bonnett [00:03:27] Pero yo creo que lo que más me ha llegado es el dolor del otro en cantidades abrumadoras, hasta prácticamente enfermarme. Porque hubo momentos brutales. Yo me acuerdo en Cali, por ejemplo, en una feria. La cantidad de gente que se me acercó, las historias que oí, los dolores que tuve que compartir. Cuando llegué al cuarto a medianoche me zumbaban los oídos. Oía las voces de esas personas. Pensé que yo misma me iba a afectar mentalmente porque estuve como en un umbral de conmoción nerviosa. Podríamos decirlo así. Sí. Entonces, con el tiempo, he tenido que moderar ese acercamiento. Mmm. Y, pues de hecho, las cosas se ponen en otro lugar porque es un libro que ya lleva diez años. En fin, ya, digamos, esa cercanía de los dolientes no es tan abrumadora, pero sigue estando ahí...

Una de las grandes preguntas que me hice durante algunos años fue sobre el amor que queda cuando alguien a quien amabas se va para siempre. Llegué hasta la pregunta final con la que quería cerrar el episodio.

Marcela Sarmiento [00:50:02] ¿Qué hay después del amor?

Piedad Bonnett [00:50:09] Después del amor hay... la memoria. Ahí está. La memoria es un gran don. Tampoco lo sabemos. Imagínate tener todo un pasado que tú puedes hacer presente todo el tiempo. Y que eso sea una compañía. Porque cuando se murió Daniel un poeta amigo me dijo: "Piedad, vas a ver que llega un día en que él es para ti como una compañía serena". Y yo creo que es así. Es decir, hablando de cualquier amor, de cualquier amor que has tenido en el pasado, tú te acuerdas.

Marcela Sarmiento [00:51:03] De cualquier amor. Claro, claro. Es decir, de ahí viene la pregunta. Y ese es el objetivo que yo quisiera alcanzar, así como tú con tu libro, yo con estas conversaciones quiero descubrir qué hay después del amor. ¿No? No quisiera pensar que hay después de la muerte. Tal vez eso ya lo hemos resuelto tú y yo. Negación. Habrá tristeza, habrá mil cosas más. Pero ¿después del amor qué queda?

Piedad Bonnett [00:51:27] Después del amor queda una cosa muy importante y es que nunca se te olvida cómo amaste. Nunca. La dimensión de tu amor siempre está dentro de ti. Tú puedes evaluar cómo amaste a un novio, al otro y al otro, ¿cierto? De qué magnitud era el amor. Y además te acuerdas de ese otro cuando las cosas estuvieron bien. ¿Cierto? De los momentos de felicidad siempre te acordarás. Entonces después del amor creo que queda eso, y las transformaciones que esos seres que amamos hicieron en uno también. Porque nos construimos de la interacción con los demás, pues nos dieron cosas muy fundamentales. A mí Daniel me dio la posibilidad de ser una mamá como quería...

Mientras Piedad hablaba, sentía una combinación de respeto, consuelo, admiración, ternura y nostalgia. No podría describir todos los sentimientos que se me pasaban por la mente al oír sus palabras y no quería derrumbarme porque no quería hacer obvio mi dolor y mis ganas de llorar y dejar salir todo lo que sentía en ese momento.

Piedad había sido la única de mis invitados al pódcast que hasta ese momento se había detenido a preguntarme sobre la muerte de Miguel, el duelo de mi niño con el que Alejandro, Paulina y yo nos habíamos llenado de ilusiones y sueños, y el que nos enseñó los inesperados giros que puede dar la vida cuando menos lo esperamos.

El embarazo de Miguel llegó en un momento muy importante de mi vida. Los años anteriores habían sido difíciles porque Alejo había estado enfermo y hospitalizado un par de veces, y yo estuve desanimada por eso, además por la operación de mis cuerdas vocales, el silencio al que estuve obligada a cumplir y la terapia que le siguió. Cuando supe que estaba en embarazo fue como una recompensa por aquellos días de incertidumbre y tristeza. Por alguna razón, que hoy todavía me pregunto, empecé a agradecerle al bebé que venía en camino su presencia. Le dije muchas veces durante nuestras conversaciones entre madre e hijo por nacer que quería que su llegada nos cambiara la vida. Le confesé que estaba agotada de madrugar y que necesitaba darme un respiro.

Recuerdo sentirme cansada, sin muchas ganas de seguir en la misma rutina, pero siempre fui y sigo siendo positiva y, a pesar de ese cansancio, seguía dándolo todo hasta faltando un par de semanas para el parto, cuando mi médico me sugirió parar y bajarle al estrés antes del nacimiento de Miguel.

Así lo hice. Comuniqué al Canal Caracol que tomaría unas semanas de descanso antes del parto, que estaba programado para el 6 de junio de ese año: 2005.

Me dediqué entonces a terminar de decorar el cuarto de Miguel, arreglar su ropa y organizar las cosas que serían necesarias para su llegada. Paulina estaba ansiosa. Estaba a punto de cumplir tres años y hablaba mucho de su hermanito y prometía cuidarlo mucho cuando llegara a casa.

Miguel llegó a la familia y a nuestra vida desde el momento en que supimos de mi embarazo, pero no llegó nunca a casa y esa explicación no fue fácil ni para Paulina ni para nosotros ni para el médico ni para los colombianos que, cada mañana durante casi 40 semanas, vieron *Día a Día* y la evolución de mi embarazo.

La noche antes de la muerte de Miguel, me desperté sobresaltada y prendí la luz de mi mesa de noche. Desperté a Alejandro y le dije:

—Vamos al hospital.

—¿Ya? ¿Qué pasa? ¿Tienes dolor?

No era dolor. Era como una sensación de vacío. Me sentía distinta. Esa sensación fue suficiente para salir de casa rápidamente y llegar al hospital, donde teníamos planeado que Miguel naciera a la mañana siguiente. Alejandro me dejó en la entrada principal y saqué la billetera de mi bolso. Le dije:

—Déjame aquí, para no caminar desde el parqueadero, y nos vemos adentro.

No había mucha gente en la sala de emergencias esa noche. El portero, quien al verme me reconoció, seguramente me veía a diario en *Día a Día*, y como si me conociera, me dijo:

—Buenas noches, doña Marcela. ¿Llegó la hora?

—Sí, eso parece...

Lo dije con una sonrisa nerviosa y seguí caminando hacia el mostrador de admisiones.

Esos minutos me parecieron horas mientras me atendían. No tenía fiebre. Mi presión arterial estaba bien pero, en el fondo de mi corazón, algo me tenía inquieta. Asustada.

Me pasaron a un consultorio y allí llegó Alejandro. El médico de turno me hizo la evaluación y me pasaron a otra sala para una ecografía porque era evidente que yo estaba muy ansiosa y querían darme tranquilidad y confianza de que todo estaba listo para la cesárea, la mañana siguiente. Eran aproximadamente la 11:30 de la noche.

Alejandro estaba a mi lado y me sostenía la mano. Me hablaba con dulzura y me pedía calma. Pero yo no podía. Mi respiración empezó a acelerarse y me pasaron a la sala de exámenes para una ecografía que confirmó que mi intuición no estaba fallando.

No había latidos. Durante las 40 semanas anteriores a ese instante el corazón de Miguel latió con fuerza y, con cada latido, crecía mi amor, mi esperanza y mis ilusiones por su llegada.

Todo empezó a suceder en cámara lenta. Mi visión se nubló, mis oídos se taparon, mi voz no salía con claridad. Recuerdo tener la boca seca y sentir mi corazón a mil por hora.

—Noooo, esto no puede ser posible... ¡¡¡Alejo, no!!! Miguel... ¿Qué le pasa? ¿Alejo, qué está pasando?

Entré en *shock*. Era un llanto seco. Un estado que nunca había experimentado. Lo que recuerdo a continuación es entrar a una sala de cirugía para una cesárea de emergencia.

El 6 de junio de 2005 nació Miguel. El silencio que rodeó su llegada al mundo nunca podré olvidarlo. Despedirnos de él fue el momento más duro que Alejandro y yo vivimos como padres. Nos unió. Nos hizo fuertes como pareja. Estuvimos abrazados en silencio en una cama diminuta hasta que se hizo de día.

El sol se coló por la persiana del hospital y pedí que me permitieran ver hacia afuera.

El tiempo no se había detenido. La gente actuaba de manera normal. En la calle había tráfico. Se había muerto nuestro hijo y el mundo continuaba su recorrido como si nada hubiera pasado.

En ese preciso instante me di cuenta de que no somos nada en el mundo, de lo insignificantes que son nuestras vidas. Tan pequeños para un mundo tan grande, que nuestro dolor solo nos importa a nosotros.

Miguel se murió y, sí, afuera todo siguió normal. Adentro vivía la tormenta más horrible, más oscura; pero veía a través de la ventana que brillaba el sol y la ausencia de Miguel me obligaría a buscarlo en el azul del cielo por el resto de mis días.

Ese día el destino me obligó a empezar el duelo por Miguel con un dolor tan profundo como indescriptible y, durante los 20 años que han seguido a ese momento, no ha pasado un solo día de mi vida que no recuerde su cara, sus manos, sus pies y su infinita ternura.

Fue en el momento en que tuvimos que entregarlo, luego de un tiempo que compartimos con él en una sala de recuperación cercana al quirófano cuando Alejo y yo vivimos uno de los momentos más tristes de nuestra vida. De eso también está hecha una pareja, de momentos que crean un lazo emocional extraordinario y es tanta su fuerza e intensidad que algunos lo resistimos; a otros, por el contrario, se les revienta el alma.

Volver a casa con las manos vacías fue difícil e inexplicable para Paulina. Ella también empezaba a vivir desde tan pequeña una promesa no cumplida: su hermanito.

Las noticias en la radio, en la televisión y en los periódicos no se hicieron esperar. Hubo mucha consternación por la muerte de Miguel porque había sido la ilusión con la que se despertaban los televidentes cada mañana: verlo nacer y llevarlo al estudio como años antes había hecho con Paulina, su hermana mayor.

Recibí tantos mensajes de cariño y condolencias, privados y públicos, que no fui capaz de asimilarlo todo. Me dolía no solo el alma sino el cuerpo y, desde entonces, comprobé que el sufrimiento también puede doler físicamente o, al menos, eso sentía. Volví a mi posición fetal durante algunas semanas para intentar aliviar mi tristeza.

Tomamos la decisión de irnos de Colombia por un tiempo mientras me recuperaba de la cesárea y del impacto que habíamos sufrido como familia.

Llegamos a Miami. Y allí nos quedamos, nunca más regresamos.

Miguel oyó mis peticiones antes de nacer porque su llegada cambió nuestra vida para siempre.

11

Cuando ya no estemos

No sé qué hubiera hecho todos estos años sin mis amigos.

Siento que a través del tiempo ellos también han sobrellevado su duelo y seguramente guardan memorias y tienen otros recuerdos, muchos desconocidos para mí, tal vez, pero con los que escribiríamos una historia maravillosa sobre lo vivido durante nuestros años de amistad.

Quienes vivimos expatriados sabemos que los amigos se convierten en familia y esa red de apoyo y soporte es para toda la vida.

Hay personas que llegan a nuestra vida y, sin sospecharlo, se convierten en seres clave para sobrevivir una pérdida. Es una selección que, aunque se da naturalmente, pasados los años requiere de compromiso, de ganas y de esfuerzo por mantener los lazos de cariño y cercanía.

Durante la búsqueda de personajes para el pódcast, quería honrar la amistad como una forma de agradecimiento a todos y todas en Colombia, España y Estados Unidos. A todas esas personas que no han soltado mi mano, sino que, por el contrario, me confirman permanentemente su presencia para recordarme que no me quedé sola, y que Paulina y Florencia tampoco.

Al menos ellos, en medio del abandono que sentí cuando Alejandro se fue, me dieron la esperanza y la certeza de que todo iba a salir bien después de tanta tristeza.

En una de mis muchas conversaciones con Iñaki y Lola, les comenté mi interés por buscar a Jordi Évole, un reconocido periodista catalán quien años atrás había hecho un documental llamado *Eso que tú me das*, en el que, a través de una entrevista, hizo un homenaje a Pau Donés, su amigo y líder de la banda Jarabe de Palo.

La conversación tuvo lugar dos semanas antes de la muerte de Donés, quien padecía de cáncer. Fue una conversación entrañable porque Jordi, a través de la complicidad con el entrevistado, pero al mismo tiempo con mucha precaución, fue llevando la charla de una manera muy especial y permitió que su amigo dejara profundas reflexiones sobre la vida, en un momento en el que era evidente que se acercaba su final.

A diferencia de mi pódcast, *Después del amor*, *Eso que tú me das* tuvo un testimonio como pocos. Fue la oportunidad excepcional de conversar con alguien que sabe que va a morir pronto y nos deja en cada palabra su amor por la vida, por su arte, sus amigos y su familia. Al terminar de ver el documental, todo toma una dimensión maravillosa. Nos ayuda a entender lo que significa estar vivos.

Yo también quería que *Después del amor* fuera un espacio en el que cada invitado pudiera compartir su duelo personal mientras yo relataba mi experiencia con la esperanza de que la gente se sintiera acompañada. Yo quería llegar al corazón de quienes habían vivido un duelo, y estaba convencida de que Jordi traería a la mesa una historia muy especial sobre la amistad.

Le pedí a Iñaki el contacto de Jordi. Ya había hecho lo mismo con Rosa Montero, así que esta vez Iñaki, enterado de los detalles de mi proyecto, me dijo:

—Le dije a Jordi que quieres hablar con él. Serás tú quien le proponga la idea.

Lo hice. Esa misma semana llamé a Jordi y aceptó grabar el episodio el mes siguiente, porque estaba en plena producción de *Lo de Évole*, un exitoso programa de televisión que lleva algunos años al aire y que ha sido merecedor de premios y reconocimientos.

Como periodista me emocionaba mucho la idea de hablar con Jordi. Pero al mismo tiempo era algo nostálgico porque, cuando vivíamos en Madrid, veía con Alejo otro programa que Jordi tenía y que se llamaba *Salvados*. Así que entrevistarlo y compartir con él era algo que nunca en la vida me hubiera imaginado que pasaría.

También sabía lo fuerte que había sido para él hacer el documental con Pau Donés y el impacto que le causó como amigo y periodista.

Pau Donés fue un gran músico y artista, y su partida causó mucho dolor entre sus fanáticos. El documental ha sido unos de los más vistos en la última década en España, así que abrir una conversación al respecto implicaba tocar un duelo personal y uno colectivo, entre admiradores de su música y quienes siguieron su recorrido personal durante los días de la enfermedad.

Para mí era un reto personal y profesional. Sería el último episodio de la temporada del pódcast y cerraríamos hablando sobre la "aceptación", una de las etapas del duelo. Jordi fue muy honesto con su relato y con todo lo que rodeó la producción del documental.

Durante nuestra conversación sentí que *Eso que tú me das* nació de una manera muy orgánica y natural, casi sin querer e, incluso, salió de la generosidad de Pau con su amigo y, luego, como un acto de lealtad a quienes sin conocerle lo acompañaron dentro y fuera del escenario.

Jordi Évole [00:07:02]: ...porque lo de hacer la entrevista surgió de él. No fui yo el que tuvo la iniciativa y dudo que se me hubiese ocurrido en ningún momento pedirle, en la situación en la que estaba Pau, hacerle una entrevista. O sea, a mí no me parecía que fuese el mejor momento, pues él estaba ya muy degradado físicamente y yo no se lo hubiese pedido jamás, porque hubiese pensado que eso podía incomodarlo. Fue él quien me lo dijo. De hecho, mi primera reacción fue "No me jodas. O sea, ¿ahora?". Y, claro, él dice "Sí, sí, ahora, ahora tiene que ser". Entonces yo dije: "¿Pero tú sabes la imagen que... que... Sí, esta imagen que transmite un momento...?". Ahí se enfadó conmigo y me dijo: "Pero ¿qué pasa, que ya no soy yo o qué?". Me mató. Claro que es él, evidentemente, a pesar de la delgadez, a pesar de una sonda que le cuelga de la nariz. Claro que es.

Marcela Sarmiento [00:08:04] Jordi, te quería preguntar si por eso dudaste, en algún momento, de acercarte al Valle de Arán para hacerle esa entrevista.

Jordi Évole [00:08:13] Sí, tuve la duda justo después de colgar la llamada que él me hace desde el Valle de Arán. Y bueno, por la relación que habíamos tenido Pau y yo, tenía contacto con su oncóloga y la llamé y tuvimos una conversación muy bonita. Le dije "Elena, me ha llamado Pau, ha pedido esto y la verdad es que no sé lo que tengo que hacer, porque, primero, no sé si yo tengo el conocimiento suficiente como para acompañar a una persona que se está muriendo de cáncer. No sé qué necesita exactamente esa persona en ese momento. Yo no tengo ninguna experiencia". Y ella me dijo: "Es lo mejor que te puede pasar, que no tengas ninguna experiencia, que tengas que enfrentarte a esa situación sin manual de instrucciones, porque no hay manual de instrucciones que te puedan dar". Me puse en su lugar. Empecé a pensar qué hubiera hecho yo si alguien me pide hacerle una última entrevista. ¿Qué le pregunta uno a alguien que sabe que le quedan días, horas?...

Y a eso sumarle el hecho de que quien te lo ha pedido es un gran amigo...

Marcela Sarmiento [00:12:48] ¿Cómo antepusiste tu curiosidad periodística frente a una persona que va a morir y tuviste la sensibilidad para entrevistar a tu gran amigo, Pau Donés?

Jordi Évole [00:13:06] Yo creo que ahí no eres periodista. Y me parece que no tienes que serlo. O sea, yo sé que el periodismo es esa profesión tan vocacional que todos hemos perseguido y hemos soñado con poderla ejercer. Y es muy bonito cuando te puedes dedicar a ello, pero creo que hay momentos en que el traje de periodista no es el mejor para abrir la puerta. Entonces yo ahí no me veo. No es que no fui a hacer una entrevista buscando un titular o buscando una gran revelación. No, no, para nada. O sea, yo fui, ya te he dicho, a acompañarlo, a ser un testigo, como dices tú. Y no, no había lo que yo consideraría una vocación periodística. No la había. Había otro tipo de vocaciones mucho más relacionadas con la amistad.

Marcela Sarmiento [00:14:01] Claro. Y hablemos precisamente de esa amistad, Jordi, que ahí es donde quisiera llegar. Porque todos en la vida somos propensos a tener un duelo o muchos duelos, unos de los más cercanos, otros no tanto. Sé que el duelo de Pau, que era tu gran amigo, tuvo que haber sido un golpe muy fuerte para ti. ¿Cómo lo viviste, con posterioridad a que entregaras el documental? ¿Cómo empiezas a vivir esa ausencia?

Jordi Évole [00:14:37] A mí se me juntaron varios duelos, antes del de Pau. Es decir, yo venía de una época profesional y personal donde había personas de mi vida que habían desaparecido. Y además estaba el caso de Pau, que yo sabía que estaba ahí y que no iba a tardar mucho en desaparecer. Entonces a mí, para los otros duelos que había sufrido, personales y profesionales, nadie me había preparado. Incluso creo que fui un poco kamikaze. En algunos de ellos, que podría haber dosificado o haberlos hecho un poquito más poco a poco, no fui capaz. Entonces lo hice todo de golpe. Y además llegó luego lo de Pau. Pero la diferencia con Pau fue que él ahí sí que me acompañó en ese duelo. ¿En qué sentido? En el sentido de que de alguna manera él me preparó para el día en que nos despedimos. Cuando acabamos de grabar, yo estoy con él y con su hija ahí en la habitación, y les hice unas fotos en la cama. Ese día nos despedimos definitivamente. Y es verdad que siempre hay un punto de negación de la evidencia. Hay un punto "de esto no va a pasar". Nos estamos despidiendo, pero en realidad no es la última. Alguna otra va a haber. Y no hay otra. No hay otra. Hay un momento en que se despiden de ti y se despiden...

Cuando ya no estemos, quedaremos grabados en los amigos que fueron parte de nuestra vida. Quedarán los recuerdos, el amor y la lealtad que les dimos en vida. Ese legado será lo que verdaderamente fuimos capaces de ofrecer en nuestro paso por el mundo. Mis amigos son los mejores amigos del mundo y estaré eternamente agradecida por su inmensa generosidad. Cuando ya no estemos solo quedará el amor que nos dio aliento cuando creíamos haberlo perdido todo.

12

El amor después del amor

Cuando una historia de amor se acaba deja huellas, a veces tan profundas que no se borran, aunque pase el tiempo, aparezcan otros amores o pongas kilómetros de por medio. Duele saber que a quien tanto quisiste y luego te dejó sigue en este mundo como si nada hubiera pasado, vivo, sin ti y, sin embargo, feliz y en redes sociales.

Es diferente cuando la persona que amas se muere, adquiere un nuevo estado: la bondad en todas sus formas. El amor que hubo no duele ni hace daño y mucho menos aparecen sentimientos de revancha. Bien dice un dicho popular que "no hay muerto malo", y es que solemos adjudicarle muchas cualidades a quien muere, tal vez como una forma de agradecerle eternamente lo que hubo.

No exagero en lo más mínimo al decir que Alejandro era un gran hombre en todo el sentido de la palabra. Qué suerte que fue mi esposo y padre de mis hijas. Alejo también era mi mejor amigo y mi confidente. Aprendí mucho de él, y aunque nuestro matrimonio sorteó crisis y dificultades, me atrevería a decir que, si no se hubiera ido, aquí seguiríamos juntos hasta que la muerte nos separara, como finalmente lo hizo, pero a destiempo. Menos mal su partida nos pilló con todo, o casi todo, dicho. Me gusta pensar que así fue.

Meses después del funeral de Alejandro y en la mitad de la mudanza, empecé a imaginar a alguien más en mi vida.

Era un pensamiento que entraba y salía de mi cabeza con rapidez como si quisiera evitarlo. Me descubría varias veces al día pensando en mi futuro y el de mis hijas.

¿Cómo sería la nueva casa solo para las tres? ¿Quién se encargaría de hacer lo que hasta ese momento no era mi responsabilidad? ¿Cuándo me volvería a enamorar? ¿De quién?

Me parecía muy pronto. Me parecía inapropiado. La mitad de mi vida la había vivido en pareja. Fueron 20 años junto a Alejandro y ahora, sin él, había un vacío inmenso.

Soledad y miedo.

Me costó mucho tiempo aceptar que no volvería. La mente me jugaba malas pasadas como, por ejemplo, cuando algo sucedía en casa o en la oficina y, de inmediato, pensaba en llamarlo por teléfono para contarle y que me ayudara a solucionarlo. O incluso sentía que la puerta de la casa se abría y oía el ruido de unas llaves al entrar por las noches. Me daba la sensación de que él había estado de viaje y que llegaba de regreso. No sabía si era en mis sueños o en la vida real. Haber quedado viuda todavía no parecía verdad, hasta el punto de que durante años me negué a borrar su contacto de mi teléfono. Sacar a "Alejo" de mi lista de favoritos era impensable, era cruel, pero, sobre todo, me llenaba de dolor y lágrimas cada vez que intentaba hacer clic en "Borrar contacto".

Como no era capaz, decidí que se quedaría hasta que llegara el día en el que el dolor de verlo en mi teléfono fuera más fuerte que borrarlo.

Ni hablar de los textos o las conversaciones por WhatsApp. Las leí y releí mil veces. No me acuerdo cuántas. Es más, todavía las conservo, pero no las visito porque me recuerdan nuestra complicidad, esa que no volverá y que, aunque pasen los años, no desaparece.

Alejandro me entendía, sabía cómo me gustaba el café en las mañanas, llegaba de la tienda con la marca de champú correcta, me esperaba afuera de los almacenes sin afanarme a pagar la cuenta o le parecía "muy bonito" lo que me compraba, me celebraba el cumpleaños con bombos y platillos, sabía cómo manejar mis momentos de mal humor o ansiedad. En fin, la lista era larga y, si soy práctica, pensaba que todo eso podría llegar a ser posible con un nuevo amor, pero no era fácil imaginarme con alguien más en ese momento.

Le habíamos invertido muchos años de amor, paciencia y compromiso a consolidar nuestro matrimonio, así que pensar en empezar otra vez me parecía imposible. Quizás para Alejo hubiera sido más fácil dar el paso si la que se hubiera muerto hubiera sido yo, pero era a mí quien la vida había puesto a prueba. Y no tenía afán de hacer sustituciones a la ligera.

Todo se quedó en pensamientos porque las responsabilidades se vinieron encima y, en el fondo, no tenía ganas de nada. De nadie.

¿Qué podía ofrecer yo a alguien en medio de ese caos emocional en el que estaba y dos hijas, de 7 y 13 años, que me necesitaban al cien por ciento?

¿Qué más podía hacer en un momento como ese?

Hacer lo mejor que podía con todo el amor que me quedaba, que era mucho. Debía concentrar mi energía y voluntad en darles estabilidad a Paulina y Florencia. No se trataba de mi instinto, sino de mi obligación. Ya habían perdido a su papá, así que perderme a mí a causa de la tristeza, la depresión o la irresponsabilidad en mi crianza no era posible. Ya me las arreglaría yo conmigo misma en algún momento, como finalmente lo hice.

La obligación era más fuerte que todo. La recompensa llegó después.

Desde el primer momento de mi llegada a Miami, me permití aventurar con cenas, reuniones, planes de día y de noche en los que hice todo el esfuerzo por encajar y disfrutar. Sabía que era necesario salir de casa, mantener una vida social que, en lo posible, me animara, y reencontrarme con todos mis amigos que querían darme su apoyo. Fueron vitales. Pero al llegar a casa siempre me enfrentaba a la soledad y al silencio total de mi habitación, pero no al de los gritos en mi cabeza. Se disparaban todos los escenarios posibles sobre el futuro y la incertidumbre del próximo día.

Después de darles muchas vueltas en la cabeza a mis pensamientos, en el fondo llegaba a la conclusión y luego a cierto alivio en saber que no estaba sola en el mundo, estaban mi familia y mis amigos. Pero estar con ellos en pareja, sentados a la mesa, y al mismo tiempo verme sin Alejandro era un punto de inflexión. Me veía obligada a reconocer mi realidad con disimulo. Sentía ganas de llorar, pero si lo hacía la cena se podía convertir en un drama al que no quería rendirme, mucho menos imponer mi agenda emocional y "aguar" el momento. Tuve que aprender a encontrar sitios para darle rienda suelta al duelo y otros para ponerle la espalda.

Yo quería disfrutar la comida, el vino y la compañía. Yo seguía enamorada de la vida e inquieta con lo que me pudiera ofrecer en el futuro.

Pero al mismo tiempo me sentía desencantada de la dinámica social cuando me arriesgaba a visitar otros ambientes. Me aburría llegar sola a todas partes. Entrar a un lugar público o, incluso, ir a eventos sin acompañante. Sin embargo, lo hice porque pensaba que eso era parte de ser viuda. Y no, no lo era, porque conocí a más de una que lo hacía sin ser viuda así que, en mi caso, era una forma de negociación con la vida y las circunstancias. Lo fui volviendo rutina y por algún tiempo pensé que me tenía que acomodar a ello.

Ir al cine, a un restaurante, una cafetería o un teatro en solitario fue cada vez más y más común. Esto porque mis amigos y amigas tenían una vida propia y, aunque su generosidad fuera inmensa, mi necesidad de independencia era una asignatura pendiente.

Fui dura conmigo. Lo siento mucho.

Yo debía aprender a manejar los momentos de soledad. Me lo impuse. Al pie de letra. Lo que empezó siendo un castigo terminó siendo a la larga una nueva manera de disfrutar de mi propia compañía. Primero lo hice por una especie de "dignidad". Pero luego fue posible disfrutar esos momentos cuando alcancé la serenidad o, más acertado sería decir, cuando alcancé mi idea de serenidad después de tantos días de convulsión. Me tomó años.

Entonces logré llegar a ese estado en el que básicamente no sentía mi corazón agitado todo el tiempo, no sentía la necesidad inmediata de volver a casa cada vez que salía a hacer vueltas, tampoco esa urgencia por cumplir con todo y todos, y, lo más importante, me quité el sentimiento de culpa que tenía cada vez que me divertía o me sentía feliz. Una locura, lo sé, pero quienes vivimos un duelo nos toca vencer a esa fiera: la culpa.

La conquisté a punta de respiración y oración, y se asomó de nuevo mi amor propio, que se había perdido entre tanto dolor.

Pasaban los años y las fechas especiales. Las aplicaciones de citas habían entrado en mi agenda, pero fueron más las expectativas que lo que se presentaba en realidad. Varias veces, por no decir que casi todas, me vi en medio de situaciones incómodas en las que era evidente que no estaba lista para citas casuales. Después de una vida en pareja, zafarte de ese formato de relación cuesta mucho. A eso hay que sumarle la desconfianza que genera el hecho de no saber a quién tienes enfrente. Había que estar "pilas", en modo alerta y cuidando cada palabra y movimiento, agravado todo por el hecho de que yo soy una figura pública.

Me enredaba aún más con el asunto del idioma, las diferencias culturales, las historias personales de los potenciales candidatos. Muchos de ellos con dramas familiares sin resolver, pero, según decían, a punto de ser resueltos.

Todo parecía muy complicado. Tal vez la complicada era yo, pero "ajá", es que las cicatrices quedan después de una herida profunda.

Terminaba agotada de tanto cuento, sobre todo de aquellos que eran buenísimos para "textear" todo el día pero que no definían salida los fines de semana. No estaba yo como para amiga virtual.

Además, a pesar de mi entusiasmo por conocer gente nueva, para qué negar que era un poco un "rollo" verme obligada a contar sobre "mi última relación". Ahí cambiaba el tono de la conversación. No el mío, el de ellos. Me daban el pésame y las condolencias y yo, por obvias razones, agradecía y de inmediato trataba de darle la vuelta al tema, aunque otras veces veía en ello el plan de escape perfecto.

Pero siempre habrá curiosidad por la muerte de otro, así que algunos intentaban ir un poco más allá para tener algo de detalles, lo que enrarecía aún más la situación y el ambiente.

Aprendí a manejar esto con cierta naturalidad, hasta que un buen día conocí a alguien en la barra de un restaurante de mi barrio. Llegué con una pareja de amigos y, como no teníamos reserva, nos sugirieron sentarnos en el bar para tomar una copa y esperar la mesa.

Nos ubicamos en unas sillas altas y a mi lado estaba sentado un señor que me sonrió y yo devolví el gesto. Protocolo social: coqueteo básico pero inofensivo.

Pedimos una copa de vino blanco cada uno y, al mejor estilo *Happy Hour*, el compañero de barra me puso conversación. No pasaron ni diez minutos de charla cuando me preguntó directamente:

—¿Estás esperando a alguien? ¿Vienes sola? ¿Estás soltera?

Lo miré con cierta sorpresa y le dije:

—Sí, estoy soltera hace algún tiempo...

—¡No te creo! ¿Por qué? ¿No tienes novio?

—Bueno, por la misma razón que tú no tienes novia... ¿o tienes novia?

—No, soy divorciado. ¿Y tú?

—Soy viuda.

Me miró fijamente y, con una voz de "el malo" de la película, dijo:

—Dime la verdad: ¿Tú lo mataste?

—¡¿Que?!...

Y no lo pude evitar, solté una carcajada.

—¿Como se te ocurre? ¿Estás loco?

—¡¡¡Ahhh, bueno, eso me tranquiliza!!! ¿Eso quiere decir que, si te invito a otro trago, no me lo envenenas?

Lo dijo mientras sonreía fingiendo alivio.

En todos esos años nunca nadie había tenido la audacia de hacerme reír con algo tan complejo y bromear con Alejo, algo intocable. Salió airoso de lo que hubiera podido ser un desastre. No lo fue. Fue un acierto, porque nunca olvidaré que por un instante alguien no vio en mí una mujer ni sufrida ni víctima de la muerte de su esposo, sino una mujer capaz de cualquier cosa, aunque fuera en broma. Me sacó de la rigidez y la distancia que generalmente aparecía al hablar de la muerte durante una cita. Ese chiste le valió mi completa atención. Terminé cenando en la barra del restaurante con un gran conversador y sin mis amigos, que optaron por dejarnos continuar la conversación hasta que se marcharon del lugar.

La cita, que no era cita, no pasó a mayores. Fue un encuentro único. Y precisamente por ello siempre será tan especial, una anécdota que me acompañará siempre.

***

La mesa de la casa es un sitio que guarda mucha intimidad para quienes sabemos cuál era el sitio habitual en el que se sentaba quien ya no volverá a hacerlo. Su presencia es tan fuerte que es imposible no echarlo de menos. La silla vacía tiene nombre propio y es el recuerdo permanente de su ausencia.

Antes de la mudanza de Madrid a Miami decidí cambiar el comedor de mi casa. Me fui a buscarlo con mi mamá (que se llama María Emma) y Aida Furmansky, una amiga, quienes una tarde me invitaron a despejar la mente. Fuimos a El Rastro, una zona de la ciudad con anticuarios y tiendas que empezamos a recorrer sin mucha expectativa.

Recuerdo subir al segundo piso de una casa llena de antigüedades y ver una mesa definitivamente más pequeña que la que teníamos en casa. Rectangular, pero con una curva un poco pronunciada a los lados, que la hacía diferente, y con extensiones que podrían hacerla un poco más grande si era necesario.

Empecé a imaginarme la escena diaria de mi nueva realidad: yo en la cabecera de esa mesa. Cerré los ojos y sin pensar la compré y, acto seguido, también seis sillas que la acompañaran.

La mesa cruzó el Atlántico y llegó a Miami, donde el espacio parecía haberla estado esperando. Encajó perfectamente como también lo hizo un interesante comensal cinco años más tarde. No fue el hombre de la barra, ni ningún aspirante sacado de una aplicación, pero sí uno que mereció compartir con nosotras la mesa.

La ilusión de invitar a alguien y sentarlo a mi lado en la mesa se convirtió en una realidad cuando Sonia Dulá, una buena amiga que Alejandro me dejó de herencia, me presentó a un amigo suyo que vivía en Londres y estaba de visita en Miami. No me imaginé que él cambiara sus planes de viaje de regreso, se hospedara en un hotel cerca a nuestra casa y terminara sentado en mi mesa, con mis hijas, cenando, jugando ajedrez, compartiendo conversaciones sobre libros y películas, enseñando cosas y contando anécdotas que no olvidamos. Tampoco imaginé que preguntar por las tareas de matemáticas de Florencia o regalarle libros a Paulina fuera una forma de conquistarme. Lo fue. Sin duda lo más importante que hizo para enamorarme fue preocuparse por ellas y su bienestar.

Recuerdo que todos sus detalles me hicieron feliz y eso bastó para reconciliarme con la vida y renovar el amor que habitaba en mí.

Lo que parecía imposible unos años atrás había sucedido y, una vez que di el paso, no volví atrás, no me quedé con nada y di rienda suelta a todo. Volví a sentir amor, después del amor.

***

El verano de ese año viajamos juntos. Fueron nuestras primeras vacaciones siendo cuatro. No solo era una escena que tomó años en hacerse realidad, sino que lo hizo para confirmarme que yo buscaba un hombre con quien compartir la mesa porque, ahí sentada, fue donde me sentí respetada y mis hijas protegidas, con la ilusión de un amor a largo plazo.

No fue precisamente lo que sucedió.

La historia se acabó a punto de cumplir un año.

Alguien no estuvo listo para continuar cuando se presentó el primer tropiezo, y no fui yo precisamente, que estaba más que preparada para caídas al abismo. Las flores semanales no volvieron a llegar. La distancia tampoco jugó a nuestro favor porque él paró sus visitas desde Londres y nosotras seguimos en Miami. Los planes se quedaron a mitad del camino. Una lástima o… tal vez no, pero no me lo esperaba. Mis hijas tampoco. Yo creo que ni él mismo esperó que yo lo dejara marchar con tanta naturalidad. No contó con que yo llevaba muchos años en una lucha constante por salir adelante y lo último que quería en ese momento era tener que librar otra batalla más por encajar con alguien que, se suponía, había llegado para abrazar mi vida y quedarse con el amor que le estaba ofreciendo, que no era cosa menor.

La despedida o la “terminada” coincidió con la muerte de mi papá, así que fueron días muy difíciles para mí. Un doble duelo.

Las cosas de la vida, al igual que las personas, llegan, nos tocan, algunas nos “despelucan” y siguen su camino. Más vale atesorar lo vivido y guardar en el alma lo que nos hizo felices porque esa será la reserva que tendremos almacenada cuando regrese el dolor y tengamos certeza de que de los malos momentos saldremos, no me cabe duda.

Pasa el tiempo y generalmente juega a nuestro favor porque, aunque nos ayuda a distanciarnos del dolor, intenta hacer lo mismo con la gente que amamos y que ya no está. Ahí es cuando el paso del tiempo duele, pero nos da una lección permanente para aprovechar el presente.

Ahora sé que, en mi corazón, como en mi mesa, siempre habrá espacio para el amor, y una silla para recibirlo.

Acerca de la autora

Marcela Sarmiento es periodista, reportera y presentadora. Nació en Barranquilla, Colombia, y ha trabajado para diferentes medios de comunicación en Colombia (*Día a día* del Canal Caracol y Caracol Radio), España (colaboradora, Cadena Ser, *El País*, *The Huffington Post*) y Estados Unidos, donde actualmente hace parte de la cadena Univision en el programa matutino con más audiencia en ese país, *Despierta América*.

Ganadora de tres premios Emmy, es la anfitriona y coescritora de *Después del amor*, un pódcast sobre el duelo y lo que queda tras una pérdida.

Vive en Miami y es miembro de la junta directiva de Miami Music Project, una organización que transforma la vida de niños y jóvenes a través de la música clásica, que ha sido galardonada como la «Mejor Iniciativa que Apoya la Diversidad e Inclusión» en la música por The Music Cities Awards.